教師と支援者のための

“令和型不登校”対応クイックマニュアル

えっ、
なんであの子が
不登校？

新潟大学教授・臨床心理士
神村栄一
編著

ぎょうせい

はじめに

令和の時代になり、不登校児童生徒の増加が止まりません。

令和４年度の小中児童生徒の不登校数は約30万人でした。**中学生の17人に１人、小学生の59人に１人が不登校であった**ことになります。10年前の水準に比べ、中学生では２倍強、小学生で5.5倍までに増えました。

これにはもちろん、コロナ・パンデミックの影響が大きいのは言うまでもありませんが、その影で不登校とみなさない長期欠席児童生徒も増えました。「隠れ不登校」と呼ばれる「登校しても教室には入れない子」も増えました。

しかし、すべてをパンデミックだけのせいにすることはできません。小中の不登校はすでに**平成25年度から９年連続で増え続けていた**のです。これといった理由が見つからないまま増加が続く中で、令和元年度末からの感染対策の影響が重なった結果なのです。ちなみに平成24年度までの12年ほどの間では、発生率はほぼ横ばいで推移していました。

本書ではこの、平成の終わりから令和にかけ、収束の見通しが立たないまま増加を続ける不登校を、**「令和型不登校」**と表現しました。

「不登校であることに違いはない」と「安易な命名」へのご批判もあるでしょう。しかし、次のような表現も可能な状況にあるのです。

令和４年度中の小学生で不登校となった児童５人のうち４人までは、もし10年早く生まれていれば不登校にはならず登校を続けていました。

不登校となる子供一人一人において、「まったく同じ状況」などは二つとありませんが、これだけの増加は、子供たちの個々の心理的不調では説明がつきません。全体として変動していく社会的現象なのです。

たった10年の間にこれだけ増えた不登校を、「従来と同じ」と捉え、理解と対応の在り方を更新しないままでいて良いはずがありません。

もちろん支援と対策において、基本のところではこれまでのノウハウを継承すべきでしょう。令和の時代にも、平成型不登校、あるいは昭和型不登校（学校嫌いや登校拒否と呼ばれていた時代）も含まれているでしょう。

しかし、とりあえず、**「令和型」と括弧に入れてみて、理解や支援の実践、あるいは研究を通して、どこにどれだけ質的な違いがあるかを吟味していくことには価値がある**と考えます。それが、本書執筆の第一のねらいです。

第二のねらいは、**不登校やひきこもりを経験し回復まで停滞を経験する若者がこのままのペースで増え続ける事態を緩和できないか、そのための新たな対応指針を学校現場に提案できないか**、ということです。**近代以降続いてきた我が国の学校が、近い将来におそらくドラスティックに移行するまでの数十年の間、支えることができるかもしれません**。

西暦で2030年から2040年頃には、学校教育は大きく変化し、多様な学びの選択肢が用意されているはずです。

文部科学省が不登校の急増を受けて提案する「誰一人取り残されない学び」いわゆるCOCOLOプランが、全国津々浦々に「もう一つの学校」つまり「学びの多様化学校」やフリースクールなど、物理的スペースが設置されることのみで達成されるとは見込めません。

多くの子供たちは、**各家庭にいたままネットにアクセスしながら基礎的な教科学習をこなし、あとはそれぞれの好みと価値観に応じて、様々な学びのサービスを地域から選ぶ**ようになるでしょう。現在進みつつある中学校部活動の地域移行と同じく、**各家庭が利用できる地域資源を活かす、それでネット学習で不足する側面を補うのが基本スタイルになる**でしょう。

筆者が初めて不登校（当時は登校拒否）の小学生とその保護者のニーズにお応えする支援チームに加えていただいたのは19歳の冬でした。その際の理解と支援の枠組みは、行動療法という、具体的な解決を志向するアプローチでした。いずれも、問題の深層の理解より具体的な改善解消を目指すものでした。

それ以来、心理学・教育学系の大学に身を置きながら、臨床心理士、公認心理師として、民間のカウンセリングルームのセラピスト、スクールカウンセラー、教育委員会派遣カウンセラーなどの実践に携わり、平成28年からは、新潟大学の教職大学院で生徒指導や教育相談を専門とする研究者教員を担当しております。

この行動療法というアプローチでは、支援対象となる子供、あるいはその保護者の心の有り様を、何かに写し取り、それを分析する、という間接的なアプローチはとりません。むしろ、ダイレクトに生活の様子を捉え、その意味（機能）をその場で分析し、望ましい最低限の変化が自発するきっかけを工夫し試してみる、というものでした。

これらの理論と技術は、昭和の時代には、何か機械的、操作的と批判されることも少なくありませんでした。しかし、当事者のニーズに沿って、当事者の方にもわかりやすいメカニズムですすめるものでした。

心の中に何かの異常があるわけではなく、ただ、たまたま相性の悪さがあって悪循環をなした、不運が短い期間に重なってしまった、という理解に立つ支援方法でした。

これらの臨床心理学的立場は、21世紀になって、心理的支援の本流の一つに位置付けられるようになりました。最近では、認知行動療法とか、応用行動分析学に基づく支援、などとも呼ばれています。本書の後半の、事例支援の技術、変容原理の解説編にも、詳しい専門用語での解説は避けていますが、そのエッセンスを反映しています。一言では、**心を複雑に捉えすぎぬ具体的支援**、と表現できます。

本書は、大きく三つのパートからなります。第１部では、令和型の不登校について理解を深めていただきます。第２部では、未然防止、新規の不登校の出現がある程度の範囲に収まるためのアイデアを紹介します。そして第３部は、学校への登校あるいは、教室で一緒に学ぶことが困難となり元気がなくなったお子さんを、学校教育の中で支援する在り方を具体的に紹介するものです。

それぞれのパートは、いくつかの章から構成され、さらに各章は、すべて見開き２ページで完結となる節のいくつかから構成されています。見開きページに収まらない、関連するワークシートなどは、購読者特典ページからご覧いただき、必要に応じてダウンロードしていただくことができます。

タイトルや装丁からもうかがえると思いますが、本書は、**小学校、中学校、特別支援学校や高等学校の先生方、これらの学校でスクールカウンセラー、教育相談員、スクールソーシャルワーカー、学校支援員、などとしてご活躍の方々を主たる読者と想定してまとめました**。もちろん、学校の外で、医療や福祉の施設などで、子供の不登校や集団不適応、ひきこもりの状態にある方々を支援されている方にも、参考にしていただけます。大学生や専門学校生などにおける不登校の支援にあたっている方々にも、大いに参考にしていただけると思います。

多くの指摘にあるとおり、不登校経験者の多くは、それぞれ納得できる人生を送っています。しかし中には、明らかに学校での不適応が一つのきっかけとなり、団体、集団での活動にうまく合わせることに苦痛を覚え、うつ病や適応症、不安症、あるいはそれらの苦痛を緩和する必要から、ひきこもりやギャンブルやネット、ゲームなどへの依存（嗜癖）から逃れるのが難しくなっている方もいらっしゃいます。そのような方々の支援のヒントとなる内容でもあります。

不登校そのものは、罪でもなければ、疾患でも悪でもありません。一定期間学校を休み続ける、学校とみなされない場を居場所にするのも、一つの選択です。誰かに深刻な迷惑をかけ続けている、誰かの権利を奪っているといったことがなければ、**ご本人もご家族も、堂々としていただいて良いのです**。

ただ、長く欠席していたことが大きく影響して、本来の元気が出ない、自分らしさを表出できない、やりたいことが見つからない、苦痛である、ということがあれば、できるだけシンプルで具体的な困難の分析と、タイパとコスパの良い支援を提供できればと思います。本書がそのきっかけになれば嬉しく思います。

新潟大学教授・臨床心理士
神村栄一

目次

第2部 未然防止編

第4部　付録

［イラスト／チョッちゃん］

PART

1

状況分析編

01 統計でみる“令和型不登校”

☑ 令和型不登校は統計でどのように確認できますか？
☑ 不登校とカウントされない不登校もあるそうですが？

文部科学省から提供されている「児童生徒の問題行動・不登校等生徒指導上の諸課題に関する調査」には、例年、平成３年度からの不登校出現率（1,000人あたり何人か）のグラフが示されています。改めて見てみると、様々なことが見えてきます。この統計が平成３年度以降となっているのは、この年度から不登校の定義が、年間50日以上の欠席から、30日以上に変更になったためです。

平成の前半に中学生の不登校が連続して過去最高を更新し続け、平成３年度〜平成13年度の間に2.5倍以上増えたこともわかります。ちなみに平成７年度は、全国で段階的にスクールカウンセラーが配置された年度です。

過去において、不登校が一貫して減少した時期はほとんどないことも、よくわかります。不登校は一度大きく増えたら、二度とかつての水準に戻ることはないのかもしれません。コロナ禍がおさまり、どこまでの回復があるかは、とても興味深いところです。もっとも、不登校の定義に大幅な変更があれば話は別です。

平成14年度からの４〜５年の間ではわずかに減少しているように見えますが、これは、この年度から「週休二日制」が完全に実施され、１年間の登校日数が１割（20日）ほど減ったためとみなされます。その後、平成21年度から４年ほどはいくらか減少しました。

ところが、**平成25年度から突然、増加に転じ**（平成24年度から約7,000人増）**それ以降令和４年度まで、10年連続で前年度を上回り続けています**。平成25年度から不登校が増え始めたことをどう理解するのかは難しいところです。しかし、**スマートフォンが平成22〜23年度から急速に広まり、平成25年度には一気に世帯普及率が６割超えとなった時期に重なる**ことは重要なポイントになるでしょう。そして、もう一つ、「脱ゆとり教育」として、新しい学習指導要領が小学校では平成23年度から、中学校では翌24年度から全面実施されたことも押さえておくべきでしょう。

なお、不登校とカウントされない長期欠席（「感染回避」つまり感染を避けるための欠席が30日を超えた数も含まれています）がコロナ禍で相当数増えていることにも着目すべきでしょう。実質的な不登校とみなせなくもない事例が含まれている可能性があります。

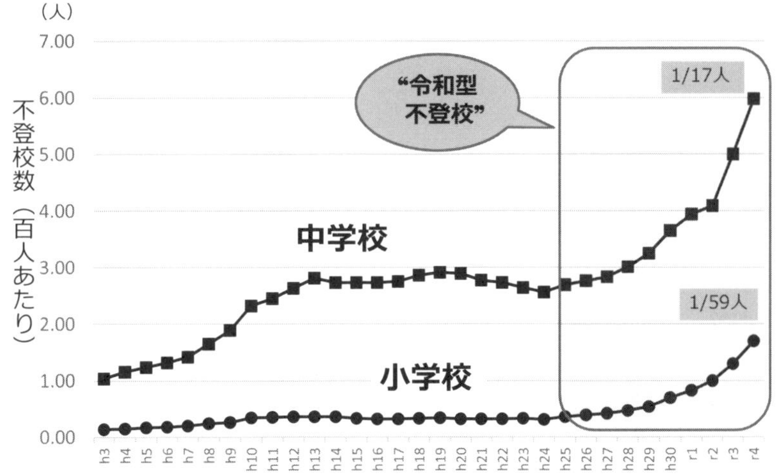

図１▶平成３年度から令和４年度までの小中学校不登校出現率の変化

（令和４年度「児童生徒の問題行動・不登校等生徒指導上の諸課題に関する調査」をもとに作成）

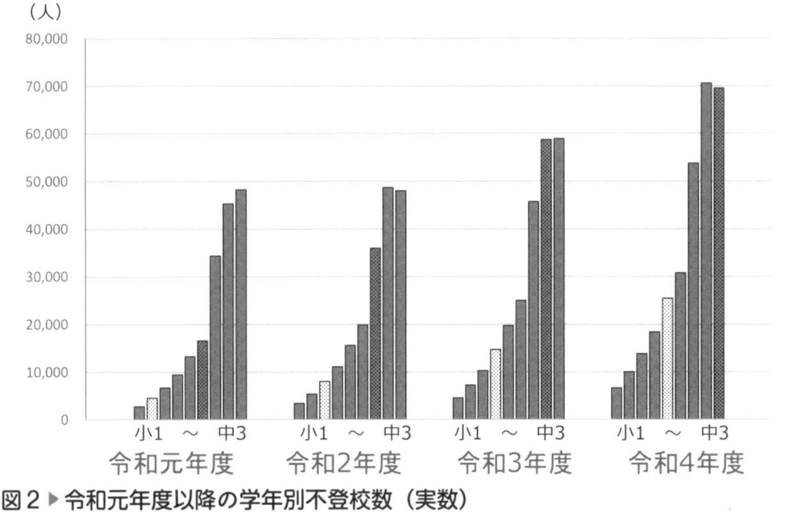

図２▶令和元年度以降の学年別不登校数（実数）

（令和元～４年度「児童生徒の問題行動・不登校等生徒指導上の諸課題に関する調査」をもとに作成）

02 令和型不登校の典型事例：小学校で〈その１〉

?

☑ 小学校での令和型不登校にはどのような特徴がありますか？
☑ 小学生ではやはり保護者や家庭の要因が大きいのでしょうか？

令和型不登校の典型的な事例を紹介します。まずは小学校から。解説のため、実際にあった複数の事例に基づいて創作したものです。

ハルミ（小５女子）は、会社員の両親と弟（小２）との４人家族の長女です。まじめでやや大人しめの性格。３歳からピアノを習っていました。三つ下の弟にはぜんそくがあり、ハルミが小３になる頃までは手がかかりました。

学校でのハルミは、理解力も高く課題提出もきちんとしていて、仲間関係でも何ら心配されるようなことはありませんでした。親しくしている友人たちは、“テンション高め系女子”でしたがトラブルらしきものはなかったとのこと。

小４で担任だけが代わったクラスがやや荒れてきて、６月末頃には「授業が成立しない」状況になりました。母親によると、その少し前からハルミの表情が暗くなり、家では理由なく不機嫌になることも増えてきました。

冬休みは普通に過ごしましたが、学校が始まると、学校がある朝には「気持ちが悪い」「頭が痛い」といった不調の訴えが増えてきました。父親や母親による学校前までの同伴登校の支えがあっても、早退してしまうことが頻繁になってきました。医療機関では、「起立性調節症」と診断されました。早退した日は昼寝してしまうこともあり、夜の寝つきも悪くなってきました。両親ともに就寝も早く、かつ、両親と弟が同じ寝室で、小３から、ハルミだけが自室で就寝していました。タブレットを自室へ持ち込まない、というルールは守られていたのですが、小５進級前の春休みにはルール破りも増え、「初めて本格的な親子げんかをした」（母親談）と報告がありました。

小５でクラスは再編成となり、学級づくりの実力を高く評価され子供たちに人気がある男性教諭が担任に。４月当初は登校も安定していましたが、５月中頃からまた朝に不調を訴え欠席が増えました。登校すれば学習も仲良しとのやりとりも普通で表情も悪くなく、再受診した医療機関では、「ストレスが原因」とされ、親子でのカウンセリングをすすめられました。

カウンセラーからは「過剰適応だった」と母親に説明がありましたが、本人がカウンセリングの継続を希望せず様子見となりました。夏休みは、仲良しからの誘いに応じる日もありましたが、大半は家で音楽を聴いたり、たまにピアノをひいたり「のんびりと」過ごしていました。おしゃれや芸能には関心があり、それに関する会話だと弾みますが、「何か悩みはないのか」「登校に不安はないか」といった問いかけには不機嫌になり、「聞かれるのは嫌」との答えでした。

夏休み明けからも登校できず、担任の家庭訪問にも、顔を見せて「来月から登校します」と言う時もあれば、自室から出てこられない日もありました。小６への進級を前にした春休み、「６年生では登校を増やす、中学校は毎日登校するつもり」とのメモを母親に渡しました。

両親がフルタイムの仕事をもつ中で弟に手がかかり、小３から本人が１人で就寝するような家庭の状況、テンションが高い女子と無理に合わせて仲良くしていた可能性があることなども気になるところです。不登校となった結果を知って過去を振り返ればいくらでも「心配要素はあった」と言えそうです。しかしいずれにおいても、「小学校高学年での長期にわたる不登校」の説明としてはインパクトが薄いようにも思えます。これが令和型不登校の大きな特徴です。

不登校に至る「かすかな危うさ」は皆無ではないのですが、決定的な困難につながる要因は把握できず、それについて本人からの表出もない。とはいえ、「遊び型」「怠惰」の典型にはあたらない。「ゲームやネット」はするが依存しているというほどでもない。「進学などのプレッシャーが強い」ということもない。何を負担に感じているのかよくわからないが、とにかく「表情が冴えない」といった不登校は中学生の２～３年以降で増えてくるという印象がありましたが、小学校でも増えてきました。

なお、このような事例について、小児慢性疲労症候群（ＣＣＦＳ）との診断が下される場合があるようです。長く続く疲労感、倦怠感、概日リズム障害などを伴うのが特徴とのことです。小学生で「疲労感」を言葉として発してくれる子は多くありませんが、そのような状態が明らかな中、早退や欠席が増え不登校となることが多いようです。

03 令和型不登校の典型事例：小学校で〈その２〉

☑ 小学校での令和型不登校にはどのような特徴がありますか？
☑ 小学生ではやはり保護者や家庭の要因が大きいのでしょうか？

小学校での令和型不登校の、前節とは少し異なる典型事例を紹介します。これも同じく、解説のための創作事例です。

ナツオは小学校５年生です。男ばかり３人兄弟の末っ子です。会社員の両親の他、父方の祖母と同居です。

小学校に入学して４年生になるまでは、登校しぶりなどはなく、むしろ授業中の立ち歩き、学習への集中困難と学業への取組の悪さ（上の兄二人はそれぞれ中３と中１であるが成績は上位にある）が目立つことで、毎年担任を困らせてきた子です。とても人なつっこいところがあり、本人からしてつまらない授業では教室を抜け出して、大好きな校務主事さんが仕事をしているところや、特別支援学級に顔を出すこともありました。小学校では「ナツオ対策」という言葉ができました。

背丈は標準ですが小太りで、ニコニコしている表情などは、困ることもありますが、かわいげもある存在でした。仲間関係もあるのですが、時々遊びの中で勝ち負けにこだわりカッとなって、同級生を泣かせることもありました。

こんなタイプなので母親はしばしば、学校で家庭での対応についても助言をもらうことが多く、まじめな母親は、ある時期真剣に、会社勤めを辞めようかと悩んだそうです。

家でも手はかかるのですが、けんかでは兄たちに負けるし、父親は忙しいので、学年があがるにつれネットゲームにのめり込むようになりました。

もともと、帰宅が遅い父親と兄たちの影響もあって、夜更かししがちな傾向はあったのですが、さらに就寝時刻が遅くなり、かつ、土日の遅寝遅起きが極端になってきました。兄たちは土曜日には午前中から部活動があるのですが、ナツオは兄たちが小学校から参加していたスポーツチームを、ひと月で辞めてしまい、それ以来みるみる肥満体型になってきました。

学校での様子にも少し変化が出てきました。登校しても午前中はとても眠そうな日が多く、爆睡したままの日もありました。無理に起こすと大声をあげるなど、かえって他の子の迷惑にもなるので、クラス担任も、つい教室でもそのまま寝せておくことが増えてきました。休み時間は他の子と遊びたがりますが、短気な側面が強くなり、敬遠する子も増えてきました。

朝の登校がいよいよ辛くなり、遅刻が増えてくると、しばらくおさまっていた教室からの抜け出しが増え、遅刻も欠席も多くなってきました。学習内容の理解も悪くなってきたようで、家の中では言葉も悪く、反抗的な態度も増えてきました。５年生の冬は週に一度登校するかどうか、という頻度になり、成長もあったのですがやや目つきも、かつてのかわいらしさが失われてきました。

６年生になって、５年までの男性のクラス担任が異動となり、ますます学校への登校が少なくなってきました。なんとか修学旅行には参加したのですが、グループ編成やトラブルの未然防止対応で、引率の先生方もずいぶん苦労しました。

その後、昼夜逆転の傾向はさらに強まり、欠席も増えたため、卒業前から慎重な修学指導がなされ、結局中学校では情緒支援学級に通うことになりました。その時期医療機関で知能検査を受けたところ、多少の凸凹はあるが決してパフォーマンスは低くない、という結果だったそうです。

小学校で支援にあたった先生方の見立ても様々でした。成長ともともとの特性に応じた支援対応に遅れがあったのだろうか、家庭での末っ子としての甘やかしや生活の乱れが良くなかったのだろうか、など外部の専門家を交えての小中合同の事例検討でもいま一つ、**あるべき支援のポイントが定まりませんでした**。

確かにそれまでも問題行動の傾向はありました。しかしそれは**必ずしも、欠席が連続するといった展開を予想させるものではなく**、むしろ、その「困ったところ」への対応を校内で確立できつつあるというのが教師側の認識でした。ところがある時、急に欠席が増え、支援の見直しを検討する間もなく不登校になってしまったのです。

04 令和型不登校の典型事例：中学校で

☑ 中学校での令和型不登校にはどのような特徴がありますか？
☑ 中学での不登校はかつてよりさらに幼くなっている印象がありますが？

中学生の令和型不登校の典型事例です。これも実際の複数事例を参考にした解説のための創作事例です。

アキオ（中２男子）の家庭は、自営業の父とそれを手伝う母親、および４歳上の兄（高２から通信制高校に転校した高校３年）、祖父（祖母は４年前に急死）との５人家族です。父親は普段から忙しいのですが、それでも息子２人のスポーツ（どちらもサッカー）の試合などにはよく顔を出し、ＰＴＡの行事などにも参加し関係をつくるなど社交的です。対して母親は、協力的だが控えめであまり人付き合いは得意ではなさそうなタイプです。

アキオが幼い頃から平日は父方祖母が食事をつくるという家庭状況であったそうですが、その祖母はアキオが小４の夏に急死。兄のショックは大きく、しばらく不安定になりました。

アキオが小６の夏休み前、当時普通高校の１年生だった兄が「学校と合わない」と不登校になりました（その後、通信制高校に転校し１年半ほどは昼夜逆転の生活で、アルバイトも経験しながら結局４年かけて高校卒業の資格をとって専門学校に進学することに）。アキオは中学校へ進学し、仲間とサッカー部に入りました。サッカーの技術は高く、さっそくレギュラー扱いとなりましたが、中１の夏休み中から、「脚が痛い」などと言って練習に顔を出さなくなり、自宅でゴロゴロ過ごすようになりました。部活動の中でいじめのようなことはありませんでした。

夏休みも終わるという頃、父親に叱られ、泣きながら「学校も部活も楽しく思えない」と語ったそうです。夏休み明け、週２～３日ほど、登校し部活にも参加しましたが、すぐに休みが増え、中１の冬休み明けも休みが続きました。かろうじて定期テストのみ別室で受験し、「中２からはちゃんと登校する」とのことでした。

同級生とは休みの日に外出するしネットでゲームもして過ごしました。中２に進学する前の春休み中も、夜遅くまでネットやゲームをしていることが増え、「中２からは登校する」と言っていたのに進級後も登校しないことで父親と言い合いになり、父親とはほとんど口をきかなくなり、昼夜逆転が深刻に。学校へは定期テストを受ける時だけの登校ですが成績はそれなりに気になっているようです。兄が苦労しているのを知って「通信制高校は嫌だが大学には進学したい」と、家庭教師から教えてもらうことに。「中３になったら登校するつもり」「学校の中の適応教室は無理」と答え、大学生の家庭教師には、部活について「顧問がサッカーに詳しくないのに偉そうな指導をするのが気に入らなかった。でもそれが原因というわけではない」と、中２の冬頃にポロリと語ったそうです。中３になって、市の適応指導教室に通い始め、昼夜逆転もかなり改善しました。

家庭の中にも、学校の中にも、何か強いストレス、嫌悪的なものがあったとも言えず、まったくなかったとも言えず、の事例でした。**本人の口から原因らしきものは出てきません**。父親は子育てに熱心でたまに怒りを爆発させる、母は控えめなタイプ、部活動の顧問の態度、そして四つ上の兄の不調なども、原因とみなすには無理があるようです。

仲間との関係も「表面的にはとても親しくているようだが、かなりの気配りを欠かすことなく」付き合っているようでもありますが、果たしてそれは今どきの中高生の仲間関係として正常でないと言えるでしょうか。試験や高校受験へのこだわりはありましたが、兄の不調でプレッシャーを感じたということも特に認められません。

担任はじめ関わる大人は皆、強く拒否されることもありませんが、どこか「暖簾に腕押し」という感じのやりとりになると言います。

「保護者の敷いたレールで育ってきた」「父の方針にただ従ってきた母親との関係はどうなのか」「発達の特性が隠れているのでは」などと仮説を立てる教師もいれば、「タイミングが良くない時に兄の生活の乱れの影響を受けてしまった」という説明にも説得力があります。

第１部　状況分析編

05 令和型不登校の典型事例：高校で

?
☑ 高校生の令和型不登校にはどのような特徴がありますか？
☑ 不登校の出現率に大きな変化はないようですが？

引き続き、実際の複数事例がベースとなった解説のための創作事例です。

フユオ（普通高校２年男子）は、専門学校講師の父親と在宅勤務の母親、きょうだいなしの家庭環境です。父親は普段から帰宅が遅めで週末勤務も多いため、フユオには優しい存在ですが養育は母親が中心でした（母親談）。仲間とも、教師はじめ大人とも普通にやりとりができ、いじめを受けやすい、いじられ役になる、といったこともなく、いつもすぐ仲良しができたそうです。

高校進学では、同じ中学校の仲間と目指していた進学において地域の「ナンバー２」と評価される公立高校が不合格となり、私立に進学することになりましたが、ある程度予想されたことで、ひどく落ち込むこともなく通い始めたとのことでした。

高校では通学の負担も考慮し、部活動には参加しませんでしたが、クラスですぐ親しい子ができました。スマホを片時も離さない家庭での様子は母親として気になりましたが、高校の担任はじめ周囲からは「今どきの高校生はそんなもの」と諭されたとのことでした。

高校２年に進級する前、数学が苦手で「楽そうな」文系クラスを志望したのですが、１年次にできた仲間の多くとは別のクラスになりました。２年のクラスには、「女子とも仲良くできるようなネアカグループ」と「ネクラなグループ」（当時の本人表現）の、どちらにも溶け込むことができず、休み時間は授業開始ぎりぎりまで、別のクラスで過ごしていました。４月末にさっそくクラス単位で活動する行事がありましたが、当日朝になってどうしても登校したくないと、「人生初の仮病での欠席」をしました。そしてそれをきっかけに、夏休みまで定期テストを含めほぼ全欠となりました（以上は、通信制高校に転校した後、ようやく本人がカウンセラーに語った内容）。７月中に、通信制高校への転校の手続きをとることになりました。

転校前の高校の先生方は、２年のクラスで「いじめ」のようなものがあったのでは、と心配して（母親談）、数回の家庭訪問など両親も恐縮するほどの支援があったのですが、フユオ本人は、ひょうひょうとした様子だったそうです。実際に「登校が辛くなるような」経過は一切見あたらなかったそうです。

　転校の手続きをとるまでの、不登校だった期間には、両親も様々なところに相談をしましたが、本人はすべて拒否しました。あるカウンセラーからは、「そのような親の動きはかえって荒れの原因にもなる」と助言されたそうですが、フユオにおいてはそのような荒れ「すら」認められませんでした。親の期待に応えるべくその場しのぎの嘘をつくこともなく、ただ、「今はわからない」「それは無理」「将来のことに考えはあるが今は話したくない」「（お父さんお母さんの若い頃とは）時代が違う」といった言葉を、視線は手元のスマホに向けたまま返すばかりでした。

　転校後も勉強に身が入るわけでもなく、「大学には進学したい」「専門学校はきつそうだから嫌」「Ｆラン大学は避けたい」「入ってから楽なところが良い」「やりたい仕事はない」「高校で決めるなんて無理」といった言い方ばかりでした。興奮して暴れることがあるわけでもなく、先に母親がつい感情的になると自室にこもり、母に余裕が戻れば雑談をしたがって寄ってくる、父親ともそれなりに良い関係のまま、やや昼夜逆転気味であるが悪化するほどでもなく、気ままな通信制の高校生活を平穏に過ごしているとのことでした。

　高校生になると、不登校として在籍していられる期間は短く、多くの場合、中退や転校となります。やはり、令和型の典型である葛藤のなさ、捉えどころのなさを印象付けるケースは、さらに増えています。不登校における、葛藤のないタイプについては、すでに一つの典型として平成の時代から指摘されてきました。「こうなりたい」とか「これだけはなりたくない」という明確な将来への希望を表明しながらも、それが具体的な支援の要請につながるわけでもなく、かといって、緊張感を伴って家族への攻撃等につながることも多くはありません。また、ネットやゲームへの軽い依存はありながらも、ほどほどのところでおさまるというところから「どうしたいかが見えない」と周囲をやきもきさせてしまうのが特徴です。

　「どうなりたいのか」などという質問を投げかけても、具体的なものが返ってくることは期待できないのが、多くの不登校です。その傾向は令和型となってますます拍車がかかっているようです。もちろん、そこを推し測る周囲の努力は重要です。

第１部　状況分析編

06 平成までの不登校との違い

- ☑ **不登校を問題とみなさない、という流れの中でむしろ増えてきたのでは？**
- ☑ **発達障害の子が増えていることと関連があるのでしょうか？**

不登校については、たとえそれが義務教育の期間中であっても、問題行動とはみなさないことが確認されています（文部科学省、2016）。

義務教育の義務とは、子供の生育に関わる大人への、学びの機会の提供、必要な支援の継続についての義務であり、学校に通うのが子供の義務というわけではありません。

週のうち数日だけ登校する、しばしば遅刻や早退をし、所属する教室でない教室あるいは特別支援教室で気ままに過ごす、学校外の適応指導教室やフリースクールをそれぞれのペースで利用している、という子が増加中です。少なくとも義務教育においては問題とはせず、本人のニーズに応じて受け入れていくことになります。ただ、**ここでしばしば困るのはその「本人のニーズ」というのがよくつかめないことです。**本人にそれを尋ねても、具体的な返事が得られないことも多いのです。

そんな子供に、手を焼く保護者も少なくありません。両親も忙しいと、「仕方ない」との態勢になりがちです。また、そのような保護者の対応を非難しても事態の好転にはつながりにくいものです。

不登校とは言え、いわゆる全欠ないし全欠に近い不登校の割合は決して多くありません。全欠の割合が多くなってくるのは、中学校の２年と３年ですが、それでもすべての不登校数の半数にも至りません。

教室で学ぶかどうかは、本人（と家族）が選んで良いこと、家族としては、「登校を希望している子の登校を明らかに妨げている」という、ネグレクト型の虐待となるような対応をしているわけでなければ、問題となることはありません。

ただし、不登校については、保護者による虐待の他にも、検討しなければならないことがあります。まず、**不登校の背景にはかなりの割合で、「治療、特別な支援を要する子」が含まれている**事実です。もっとも、「ある程度専門性の高い治療や支援」が必要な子が短い期間に急激に増えつつあると想定するのは難しいので、令和になって不登校出現率が急激に高まった結果、相対的に「専門的支援」が必須である子の割合は低くなっている、ということがあるかもしれません。

「高度な支援の必要がない、本人の選択としての不登校」の割合が増えた中でも、**早めの専門的支援が望ましい子への対応が遅れがちになる、ということは避けたいところです。**養護教諭、スクールカウンセラー、十分な研修を受けてきた教育相談の専門性が高い教師などの役割は変わらず大きいと言えます。

発達障害と不登校の関連についても、大きな関心事となっています。グレーゾーンの子供たち、知的な遅れはないが自閉スペクトラム症、ＡＤＨＤ、かなりの割合にのぼるこの二つの障害を合併している子、不器用さや学習障害の疑いがあり集中できる課題とできない課題において差が激しい子などが増えているとされ、不登校となる子は、そのような発達において特性のある子とほぼ重なるのではないか、という立場をとる専門家、支援者の情報発信も増えています。

学会などで、「不登校を未然防止することには反対である、なぜならそれによって発達特性に課題を抱え、特別な支援を必要とする子の発見が遅れてしまうからである」といった意見をうかがうこともあります。

不登校として30日以上の欠席となる子、30日とまではいかないが欠席が多い子、さらに加えて遅刻や早退が多い子、校内の別室、あるいは校外の適応指導教室やフリースクールに通っている子、学校から足が遠のいていて、医療機関で診断を受けそれを学校に提出し自宅で学習することを登校とみなしてもらっている子などを含めると、相当数の学校不適応の子がいるわけです（中学生では４～５人に１人とも）。それらがほぼ、「発達上の特性がある子」にあたり、かつ、順調に登校できている子の中にもそのような子がいるとすると、３人に１人、場合によっては２人に１人、という基準にまで押し上げられてしまうことになります。さすがにそれには違和感を抱くという専門家も少なくはありません。

参考文献

・文部科学省（2016）「不登校児童生徒への支援の在り方について（通知）」

07 不登校だった子は不登校経験をどう捉えているのか？

- ☑ 不登校の子の多くからは登校したいという気持ちが見えませんが？
- ☑ メディアでは不登校を前向きに捉えている子が多いようですが？

不登校や、登校が安定しない子の支援にあたる中で、彼/彼女らの気持ちを速やかに把握することはあたりまえにできるものでしょうか。不登校支援の最大の難しさはこの点にあります。苦痛や困惑があればそれを和らげてあげよう、と支援の合意のとりつけは容易ですが、彼/彼女らは果たしてどうなりたいのか、そう簡単に教えてくれません。

カウンセリング等では、よく当事者本人の「困り感に寄り添う」という表現がつかわれます。不登校の子の保護者の方の困り感なら、「再登校できないか」「将来に向けデメリットを最小にできないか」あるいは、「不登校の他の症状にどう対応したらよいか」などと、具体的に「困り感」を共有することができます。しかし、子供の困り感というのは「うなぎ」のようにつかみどころがないものです。

同じ不登校の子に関わっていても、見方は様々です。

ある先生（教師Ａ）は、「いじめ被害もないのに登校できないというのは、本人が登校したくないのであって、困り感はむしろ、周囲から『登校しないのはわがまま』とみなされていることにあるだろう」と述べます。

別のある先生（教師Ｂ）は、「先月まではずっと、学校で楽しく過ごしていた。やはり気持ちの底に『登校したい』があるはず。その葛藤そのものに『困り』があるとみなして粘り強くみていく必要があるのではないか」という考え。

教師Ｃは、「教師として本人に直接、またはそれが難しい場合は保護者に依頼し、本人にどれだけ『登校したい』という気持ちがあるかを速やかに確認した。その結果、『登校は無理』と答えてくれた。この本人の気持ちが、今後の支援で尊重されるべき」でした。

正直な気持ちから「○○さえなければ明日にでも登校できるのだが」と教えてくれた子であっても、実際にその「○○」を排除したら翌日から何事もなかったように登校できたという事例は、極めて限られるのではないでしょうか。

対人支援において、本人の「困り感」を大切にするというスタンスは基本となるものですが、それは「簡単に確認できるもの」ではありません。同じことが、不登校の原因論（第２部第３章で触れています）にもあてはまります。特に児童生徒の場合は、なおさらです。

学校現場での事例報告の場で、「家庭訪問で『登校したくない』との返事だった。それが本人の自己決定であるのだから、その方向で支援したい」といった判断をうかがうことがあります。

「登校したいのだが難しいので支援が欲しい」との依頼だと、学校の負担は大きくなります。「登校する気はない」であればずいぶんと軽減されます。後者のような**言葉を子供から早々に引き出すための、自己決定尊重の態度の乱用にならぬよう、慎重にすすめて**いただきたいところです。

不登校を経験した児童生徒の気持ちを本人から確認した調査は、文部科学省から二つ提供されています。

一つは、「中学校を不登校で卒業した５年後の追跡調査」であり、もう一つは、前年度（小５、および中１で）に不登校を経験した児童生徒に１年後に調査した結果です。いずれにおいても、「不登校であったことを後悔する」「やはり学校に登校していれば良かったと思う」という、欠席を後悔するという結果が、小学生でも中学生でも、さらには男女問わず最も多い、というものでした。

様々な学びの選択肢が保障されるべき、という新しい価値観を大前提として認めるとしても、子供にとっての選択には限度があります。「困り感」への「寄り添い」は単なるスローガンではなく、判断の根拠をしっかり説明できる内容としていただきたいものです。

参考文献

・文部科学省（2014）「不登校に関する実態調査～平成18年度不登校生徒に関する追跡調査報告書～」
・文部科学省（2021）「不登校児童生徒の実態把握に関する調査報告書」

第１部　状況分析編

01 子供と学校の相性を考える：令和型の深い理解に向けて

☑ 何百人もの子供と相性の良い学校ってあり得るものでしょうか？
☑ 令和の時代特有の「生きにくさ」が関連しているのでしょうか？

不登校についてはよく、「子供と学校の相性の悪さ」として語られます。「相性が良くない」のであればその子に「合う学校」を見付けてください、ということになります。実際のところ、教育行政としても、概ねそのように展開されつつあります。

「相性の良い悪い」は、いかなる人と人、人と組織（施設）の間においても生じるものです。その解消はそう簡単ではありません。もし「あなたに相性ぴったりの学校がありますよ」と言われたら、どの子も戸惑うことでしょう。そのような学校に通うことになったら、不満のすべては自分のわがままとみなされます。

いくらかの不満をこぼしながらもゆるくつながっていけるくらいの相性がプレッシャーを感じずちょうど良いということはないでしょうか。「合わないところもあるけど、まあ、そこには目をつぶる」あたりに、最適があるように思えます。

毎日使う椅子を購入する際に、店頭で座って最もフィットする商品ではなく、あえてわずかな違和感があるけれど良い姿勢の維持に役に立つものを選んだら、結果的には最良の買物だった、ということがあります。

このように、**相性をマネジメントするスキルは、自分らしく生きる、自分がもてる能力を発揮する上で、とても重要でかつ基本的なこと**になります。時代は急速に、自分に合った環境へ調整しやすい社会に変化してきています。ペンやハサミなどであれば、使用する人が手になじませる必要があります。スマートフォンでは、使いやすいように調整するのがあたりまえです。

人間にとって、他人という存在が最も調整困難な存在です。時代とともに人間関係の維持が相対的には最も難しい、となっていくのも当然です。学校も人の集合です。

義務教育９年間、プラス義務教育に準ずるほぼ３年の高校時代は、何百人という学校での出会いの中から、せいぜい、時期ごとに若干名の（もちろん個人によって違いはありますが）の、生涯にわたり影響を受ける友（師）を見付ける場です。ここで友（師）を「学び」「興味関心の対象」あるいは「生き甲斐」と置き換えることもできるでしょう。

相性の良いものを見付ける、最近流行の表現では「主体的に学び取る」ためのスキルは、相性の良くない、しばしば「棘」とも感じられる人間関係（児童生徒と教職員）や課題をやり過ごし、相性の良いものへ集中するスキルと裏表です。「集中する」とは、ある課題に意識を向け続けることでもありますが、他の課題や刺激を無視できることでもあります。学校とは、集中と同時に無視するスキルを身に付ける場所なのです。

最近は少なくなってきているのかもしれませんが、小学校などではよく教室に、「みんな仲良く」などと目標が掲示されています。クラスメイト全員と親しくなることそのものを目指すわけではありません。教室で好きなこと、没頭できることを見付ける、余計なことには煩わされない、そんな居心地の良さを維持できるように、というのが隠れたねらいだったのではないかと考えます。学校という教育サービスから最も多くを得て卒業する子は皆、そのようなタイプです。

たとえれば、混雑した新宿などのターミナル駅の中で、自分が目指すホーム、車両にたどり着くため、とんでもない数の「赤の他人」が動く中を、ぶつかることも怪我させることもなくすり抜けていくかのような能力です。

子供が学校で過ごすのは、365日のうちの半数強、１日７～９時間ほどです。やはり家庭で過ごす時間が長く、かつもって生まれた凸凹の特性がありますから、多くの子を受け入れる学校には柔軟な調整が必要となります。また、時代とともに変わっていくべきですし、どうしても残る棘の管理と、相性の悪さが特定の子において急激に増加することのないよう、予想しつつフットワーク良く対応する精度の高いシステムが求められます。

02 仲良しの子との付き合いという棘

☑ 令和の時代における子供の仲間関係に変化はありますか？
☑ 親しい関係がしばしば不登校のきっかけになるのは昔と同じでは？

不登校の事例すべてに、きっかけとなるトラブルを特定するのは困難です。影響したと思われる要因が推測できたとしても、それが主因であったと（保護者ではなく）本人が説明してくれた結果、トラブルを特定できた事例というのは極めて少数に限られます。**令和型ではそのような「つかみどころのない」事例がさらに増えています。**そんな中でも、不登校のきっかけの定番として、仲良し関係の変化をあげることができます。

> Ａは中学１年生の５月の末頃から登校できなくなりました。Ａは「物静かで優しい」タイプです。小学校時代からの仲良し４人組のメンバーでした（他の３人がＢ、Ｃ、Ｄ）。両親も穏やかで家庭に特に深刻なことはありませんでした。小学校時代この４人で遊ぶのはＡの家でした。４人とも同じ公立中学校に進学し、４人は同じクラスとなりました。ＢとＣ、ＡとＤがそれぞれ同じ部活動を選びました。この中で最も積極的なタイプのＤは別の小学校から進学したＥとすぐに親しくなりました。ＢとＣは同じ部活で別の小学校から進学してきたＦと親しくなりました。４人には「中学校でも仲良くする」との固い約束があったそうですが、早くも中１の５月中旬には、Ａだけ１人で下校するようになっていました。

以上も創作事例ですが、よくある展開です。別室登校でとどめることが難しいと卒業まで不登校が継続することもよくあります。

中学校への進学は、仲間関係の解体と再編成の時期となります。筆者は2003年度から、新潟県（新潟市が政令指定都市となる直前）教育委員会からの委嘱をうけ、「中１ギャップ」調査研究に取り組んで、2,000人以上の中１生のデータを解析しました（神村と上野、2015）。その中で、「中学校進学後も親しい関係を続けるはずだった」仲良し関係の中から、特別のトラブルがあったわけではないのに、不登校や登校しぶりとなる事例が多いことが確認されました。

1	**支え喪失**：支えてくれていた存在（子・教師）と離れた
2	**関係形成未熟**：仲間関係を新たに構築するスキルの不足
3	**関係維持困難**：発達段階に見合う関係の在り方を獲得できず
4	**課題解決困難**：中学での学びに求められる解決能力の不足
5	**アピール機会喪失**：自己を発揮し満足を得る機会がなくなった

表▶中１ギャップ不登校経過の５分類

友人関係の大きな再編成は、捉え方によっては「仲間外し」のいじめに映ることがあります。前述の事例と似た経緯で、不登校となった生徒が周囲の保護者や教師に「大きな苦痛を感じた」「いじめられているように思った」と語り始め、結局いじめの重大事案として扱うことになった例もよくあります。親しくする相手を変えたとされた生徒は、学校での指導の場で、「（中学生になって）仲良しの子を変えたらいじめになるんですか」などと、やり場のない怒りを表出することもあります。担当した教師も本音ではよくあることと理解してしまいます。板挟みでとても苦しかったと振り返る教師もいます。

子供たちのすべての仲良し関係について、中学校進学後の解体と再編成の可能性を警戒することは確かに難しいところです。しかし、一部のリスク（第２部第３章で解説します）をもつ児童生徒については、**「危うさ」を把握し様子を見る精度を高めておく**ことが望まれます。

参考文献

・神村栄一・上野昌弘著『中１ギャップ－新潟から広まった教育の実践－』新潟日報事業社、2015年

03 教室の中の息苦しさという棘

- ☑ 思春期に「教室で過ごせない」という訴えが多くなるのはなぜですか？
- ☑ 明るい生徒の教室での体調不良はしばしばサボりに見えるのですが？

比較的発症率の高い精神疾患の中の不安症に、パニック症があります。典型的には、公共の場、公共の乗り物の中、しばしば人混みの中で、急な体調変化の予兆を覚えます。その結果、その場にいること、あるいはその場に近付くことが恐ろしくなります。それでは不利益もあるのでなんとか近付こうとしても難しい、ということが繰り返されると、自分自身や自分の将来に絶望し抑うつ的になります。

一般の人が、不安症の人に対して抱くこととは違って、**もともとの明るさ、前向きさなどとはほぼ無関係にいきなり症状を抱えてしまう**ようです。人柄が変わったようにも映るため、急に大きな出来事に巻き込まれたのではないかと心配されます。意欲の低下や俗に言う「注意引き」と解釈されることもあります。安心できる人に寄り添ってもらえると落ち着く場合も多いからです。

よくある体調の急激な変化には、意識が遠のきかける（立ちくらみのような感覚）、手足がしびれる、心臓の鼓動が激しくなる、呼吸が浅く速くなる（呼吸しにくくなり過呼吸になる）、冷や汗をかく、嘔吐しそうになる、などです。身体的な不調の自覚や訴えはなく、とにかくその場にいられなくなる、気持ちがおかしくなるといった主観的な訴えだけが続く場合もあります。過呼吸の癖がついた、とみなせる場合もあります。**過呼吸そのものは、生理学的に説明がつく症状です**が、強い不安と結び付き、学びの場からの回避衝動が長く残る子もいます。学校では、教室や体育館での全校集会などが典型的に「苦手な場所」となります。人のいない教室、授業をしていない体育館では平気だったりするし、当然保健室利用が多くなり、「単なるサボり」とみなされることもあります。

逆方向の条件付け、つまり、不快な感覚が生じて強くなってきても、実際には深刻なことにはならない、という経過を繰り返し経験することで徐々に改善されていきます（第３部第８章第５節を参照）。しかし、急激な自律神経系の体調変化、それに伴う不安の急上昇は、誰にとっても知的な理解で調整できるものではありません。

医療機関を受診し治療を受けるのは思春期においても推奨される選択です。症状が長引くと様々な二次的困難が伴います。

Ａ（中２女子）はとても明るく、クラスの人気者的存在でした。ただ、少し気持ちのムラがあり、たまに教師に反抗的な態度、視線をあえてとったりする側面がありました。中２の初夏、ちょっとした仲良しとのトラブルがあり、それまで親しくしていた数人の女子から距離をとられることがありました。クラス担任は生徒の人間関係をとてもよく把握しており、「長い目で見ればＡにとっては良い経験となり、強いＡなら乗り越えられるだろう」と見立てました。

その理解そのものは確かに妥当ではありました。しかし、その時のＡにとってはかなりのショックで、混乱の中息づかいが荒くなったのか、蒸し暑くなる時期だったためか、過呼吸を起こしてしまいました。しかもそれが恐怖体験となり、しばしば保健室を利用することになりました。

「学校の棘」は一つとは限りません。しばしば、いくつか重なるものです。Ａのその後の長引く不調は、関係性のトラブルと身体反応がつながってしまった結果です。人間関係の経過を知っている学校教師側から心理的に理解すれば、仲間との付き合いの変化であり、クラス担任の見立てどおり、それまで支配的な関係を続けてきたＡの自業自得の話としても成立します。一方、Ａの体験からすれば、それまで仲間と思っていた女子の対応の急変というショックに加えて、原因不明の身体不調が出現したという不幸に見舞われた経過でしかありません。

このような経緯からありがちなのですが、「教師の多くが、体調不調を抱える自分だけにはなぜか冷たくて、保健室の利用も制限されてしまう」「共感してくれるのは、医療機関の受診をすすめてくれたカウンセラーと養護教諭だけ」という思い込みから、ますます一部の大人に依存的になります。

第１部　状況分析編

04 同調しないと「次は自分かも」という棘

☑ 同調がトラブルを招く経過をどう理解すべきですか？
☑ 思春期以降のグループ化にはやはり特効薬はありませんか？

周囲の人々と同じ考えをもてているという実感があれば、安心して生活を送ることができます。それは大人も子供も同じです。人、つまりサピエンスは**目の前の、自分の存在を認識している人が、自分と同じ考えをもてているのか、違う考えなのか、そもそも自分を好ましく思っているのかどうかとても気になる特性を、進化の原動力として高めてきました。**

こんな実験があります。協力してくださる方々に、それぞれ個性がとても強い画家ＡとＢが描いた抽象画のセットを見てもらいます。そして「どちらの画家の画風が好みか」を選んでもらい、その結果から二つのグループに分かれてもらいます。全員が、まったく面識もない他人同士であるのに、「お互いがお互いについて『自分とは好みが違った』ことを知っている相手」に対して、その後の実験では最もシビアで意地悪く対応したという研究結果でした（神と山岸、1997）。

つまり我々人間は、ごく些細な価値判断の違い（ここでは画風の好みの違い）から、ある人を身内と身内以外（つまり敵）と区別し、「互いに互いを『身内ではない』と認識しあった相手」に対しては思いやりが働きにくくなり、自分の利益を遠慮なく確保するような振る舞いをとってしまう、ということのようです。

さらに人には、共同幻想（身内と同じ「見えない何か」を信じる）をもちたがる面もあります。些細な違いに過ぎないことを些細なこと、とは思わず、極めて重要なこととみなすようになります。歴史をひもといても、教育や啓蒙などでは簡単に解消することはできないもののようです。

このような心理を悪とみなすことにも無理があります。そういう特性によって手に入れることができる、血のつながりだけではない強固なチームワークが、サバイブする上で極めて重要であったのでしょう。

ところで、学校の中では、共同の話題をもちたがり、チームワークで興奮しやすい特性は一般に「適応が良い子」とプラスに評価されます。明るくすぐに仲間をつくり仲良くなれるタイプでもあり、周囲から信頼され期待されるタイプです。

それに対して、集団適応が良くない、うまくできない特性の子もいます。それでもダントツの逞しさが伴えば、「一匹狼タイプ」などとして一目置かれる場合もありますが、それは極めてまれで、ほぼ、マンガやドラマの中にしか存在しません。

いじめについての第一人者の考察に、ノリについての解説があります（内藤、2009）。一口に同調と言いますが、合わせるばかりが良いわけではありません。同調しながらもノリを良くし、同調集団の中でリーダーシップをとれる、もちろんそのためには、何よりコミュニケーション能力に長けている必要がある、そんな児童生徒であればクラス担任の教師でさえ、無意識のうちに高く評価し、お気に入りとなります。人気のあるクラス担任のお気に入りは、お墨付きをもらったようなもので、しばしば特権を付与されます。その特権はしばしば、同調という観点からスキルが低い子をいじってもよい、というものになります。

担任としても、同調の中に位置付いているとクラス全体をまとめやすくなります。子供たちから話が通じない、わかってくれないとみなされた教師では人気も下がります。教師には指示を出す役割もありますから、そのための影響力を維持するには同調の輪の中にあることも有効です。

教師であっても「ノリは良い」ところを見せないと、いじめの対象になります。子供たちによる教師へのいじめは、学級崩壊という形をとります。

教師さえもうかうかその外にいたら大変なことになりかねない、**「同調が命」の集団の中で、安堵を得るだけでも疲労困憊してしまう。このような棘のエピソードも、不登校あるある**なのです。**このストレスについてうまく言葉で表現してくれる子はごく少数**です。

参考文献

・神信人・山岸俊男「社会的ジレンマにおける集団協力ヒューリスティクスの効果」社会心理学研究、12、3、190-198、1997

・内藤朝雄著『いじめの構造 なぜ人が怪物になるのか』講談社、2009年

05 教師や授業が棘になる時

- ☑ 実は教師の関わりが不登校の要因として小さくないそうですが？
- ☑ 平成の終わりからの増加の理由には「ゆとり教育」の見直しがありますか？

教師との相性が不登校の背景になっている、という相談は決して少なくないことがわかっています。小学校ではやはり圧倒的にクラス担任が多く、中学校や高校では、部活動や熱心な委員会活動の指導者、顧問との関係の割合が多くなるようです。課外活動においては、熱心で目的意識が強い集団でこそ発生しやすくなります。いわゆるいじめなど、児童生徒同士の関係トラブルと同じです。

第１部第１章第７節でも紹介した文部科学省（2021）では、前年度に不登校を経験した小６生、中２生に調査した結果が紹介されています。

従来の教師と学校から集めた調査とは異なり、「最初に（学校に）行きづらいと感じ始めたきっかけ」という質問に対して、**小学６年生（713名）では（複数回答可で）29.7%が「先生のこと（先生と合わなかった、先生が怖かった、体罰があったなど）」を選択**していました。これは、「身体の不調（学校に行こうとするとおなかが痛くなったなど）」26.5％、「生活リズムの乱れ（朝起きられなかったなど）」の25.7％、「友達のこと（いやがらせやいじめがあった）」の25.5％とならび、「勉強がわからない（授業がおもしろくなかった、成績が良くなかった、テストの点が良くなかったなど）」の22.0％よりも高い、項目中最高の選択率でした。

中学２年生（1,303名）では「先生のこと（先生と合わなかった、先生が怖かった、体罰があったなど）」は27.5%で、やはり「友達のこと（いやがらせやいじめがあった）」の25.5％より高く、「勉強がわからない（授業がおもしろくなかった、成績が良くなかった、テストの点が良くなかったなど）」の27.6％とほぼ同じでした。最高は、「身体の不調（学校に行こうとするとおなかが痛くなったなど）」32.6％でした。

子供は大人のせいにしがちとも言えますが、「親のこと（親と仲が悪かった、親がおこった、親の注意がうるさかったなど）」は小学生で6.7％、中学生で8.9％とずっと少数でした。

クラス担任制が原則である小学校でクラス担任と児童の関係が難しくなる事例では、保護者の不満がからんでくる事例が多くなります。すでに多く指摘されていることですが、小学校、とりわけ低学年においては「クラス担任の関わりをオープンにしていく」必要があると言えます。

不登校の問題とは別に、教室での問題行動、教室で集団での学びに合わせていくことが難しい児童への対応がクローズアップされています。

他方、小学校でも中学校でも、授業が「主体的に考える」や「協働で学ぶ」といった展開であることが求められ、授業改善に熱心な教師が増えていることが、結果的に「授業参加の負担を重く感じてしまう」児童生徒を増やしているのではないか、という懸念もあります。

平成23～24年度以降が**「ゆとり教育の見直し」として新しい学習指導要領になったのですが、そのタイミングは不登校が増えた時期と重なっている**のです。

以下は、令和になってから受けた相談内容に基づきます。ある小学校で登校しぶりになった男子と保護者からの相談でした。きっかけは、5年生からの担任の先生による算数の時間の、「わからない子は手をあげてください、近くにいる子は教えてあげてください」といった指導だったそうです。

学校での授業では「いろんな解き方を考える」で展開しているのに計算ドリルの問題だけは大量に課されるようになり、それをこなせずにいたら「特別な支援が必要かもしれない」といった連絡をもらい困惑している、といった保護者からの相談も平成の終わり頃から増えてきました。

受け身的でなく主体的に考えることは、かなり負担の大きいことです。失礼ながら大学生でもそれを実践できている人はそういないと思います。

考える、のんびり聞く、とにかく体験する、というような授業が適度に混ざっていることで、1日の学びのバランスがとれるのでは不十分なのでしょうか。教科担任制が導入されるのは良いことが多いのでしょうが、毎時間、その教科に専門性ある指導者が入れ替わり立ち替わり、「さあ、皆さんの学びは皆さん自身で構築してくださいね」といった授業が続く状況には懸念も残ります。

第１部　状況分析編

06 休み続けるのも“あり”だっただと知ること

- ☑ そもそも、不登校になる子には何が起こっているのでしょうか？
- ☑ 不謹慎ですが、我が子だけは絶対に不登校にしない方法はありますか？

令和型不登校の理解に関連して一つ仮説があります。それは、その子が**「休み続けるのって、ありだったんだ！」ということに、リアルに気付いてしまうこと**の影響です。

今の時代、不登校という言葉は小学校の低学年の児童でも知識としては知っていることでしょう。しかし、多くの小学校の低学年の子にとって、理由もないのに学校を休み続ける、あるいは、些細なことからかんしゃくを起こし登校したりしなかったりを繰り返す、というような選択は想像がつかないものであるはずです。

「リアルに気付く」の一つの典型が、すでに上のきょうだいが不登校の状態にあり、「学校に登校しない」「平日でもしばしば朝寝坊して起きてこない」「夜遅くまでゲームしている」といった在り方を知ってしまった場合です。「（理由の如何を問わず）自身が長期の欠席を経験すること」も同じです。2020年からのいわゆるコロナ禍で、「感染回避」などと分類され、不登校とはカウントされなかった長期欠席が増大したことの今後への影響は大いに懸念されます。

学校教育の制度というのは、壮大な大人社会による「しかけ」です。ランドセルの購入とか、幼稚園や保育園での卒園に向けての行事や励ましを通して、あるいはいろいろな大人から、「来年からいよいよ小学生だね」と声をかけられるというように、壮大なしかけによる暗示にかけられながら成長します。

不登校というのは、ある意味、そのような５、６歳からの、社会がつくり上げた舞台装置が暴かれてしまうことでもあります。「なーんだ、学校って行かなくても別にどうってことない場所なんだ」ということを子供本人が知ってしまうと、再び暗示の中に押し戻すことはできません。

続く第２部第３章で詳しく説明しますが、いくら今現在の登校が順調で、学校生活を楽しんでいるようでも、何らかのきっかけでたちまち不登校の状態に陥ってしまう、と予想させる条件がいくつかあります。

それらの条件のすべては、大なり小なりここまで紹介してきたことに収斂されます。「不登校という選択肢があること」「選択する子は日本中で着実に増えていること」「選択しても直ちにひどい目に遭うということはないこと」「将来が絶たれてしまうといったこともなさそうであること」などに気付いてしまうことです。これによって、**不登校という選択肢が子供の心の中で準備されてしまう**わけです。

もちろん、**準備ができても実際に選択されるにはそれらとは別のインパクトが関わるわけですが、準備ができることの影響は大きい**のです。

ここでは「リアルに気付く」ことが重要です。今どき「#不登校」と検索すれば、ブログや識者の様々な論評はもちろん、動画解説などでいくらでも知識を得ることができますが、ただの知識ではなく、直接的に経験することの効果はとても大きいと言わざるを得ません。

このように考えると、不登校になるリスクを根本から減じるには、「不登校という選択をリアルに見せないこと」および「本人ができるだけ長期欠席を経験しないこと」が有効だということになります。ただ、これを徹底することは現実には不可能です。最近は、家族ではなく親しい友人、幼なじみが不登校になって影響を受けたような事例も見受けられますが、情報をブロックすることはできません。

本書の「はじめに」で、今どきの小学生の不登校の子が10年早く生まれていたら、という思考実験を紹介しました。まさにここに関わってくると思われます。リアルに知る機会が増えるとますます、選択する子が増える。その結果が、10年間で５倍強の増加を支えていると言えるでしょう。中学生も同じで、「中学校で不登校になってもなんとかなる、そんなにひどいことにはならないらしい」ということをリアルに知ってしまうと少し危うくなります。

保護者も同じで、一度不登校の子の親を経験すると、なんとなく、「この子についてもありかな」という気持ちになるということのようです。ただ、それらについても、**個々の価値観に委ねられるべきことであり、安易に良い悪いで評価することも責める材料とすることもできません**。

PART

2

未然防止編

第２部　未然防止編

01 令和型不登校になりやすい子の特徴

☑ 数か月後、1年以内に不登校になりやすい子の予測は可能ですか？
☑ 「不登校になる可能性はどの子も同じ」ということでしょうか？

不登校は、子供の「心の弱さ」が原因でしょうか。今日、そのような立場に立つ専門家はほとんどいません。だとすれば、学校との「相性の悪さ」を感じて不登校になる子もいる一方で、「相性の悪さ」を抱えたまま登校を続ける子がいる現実をどう説明できるでしょう。

中学生で２倍強、小学生で5.5倍も増えた不登校を「心の弱さ」とか「学校教育の劣化」で理解するのは無理があります。いずれもこれほどの急増を説明できるほどまでに変質したという証拠は見つかりません。

不登校を子供の「心の弱さ」で説明しても、それは「説明モドキ」にしかなりません。それは循環論、説明のための説明にしかなりません。「心の弱さ」の代わりに、「自己肯定感」あるいは「非認知能力」が低いから、と、抽象度の高い学術用語で説明しても同じことです。学校現場で把握できる具体的事実の積みあげとして検証していく必要があります。

「試験に出る内容をなかなか覚えられない」ことを「記憶力のなさ」で説明し、「記憶力のなさ」を「なかなか覚えられない」現象で説明するのも同じです。当面の納得はいただけるかもしれませんが、「ではその記憶力について何ができるか」について明確で具体的な説明のためには、結局は、別の知見（内容とその人に合った記憶術、工夫など）をあてにするしかありません。

図１のような循環論（説明モドキ）は、従来の心理学が学校現場でいま一つ貢献しきれない背景になっていました。

きっかけ、あるいは大きく影響したと思われる経過とは別に、**「不登校になりやすさ」をもたらす背景を、本書では「不登校リスク」と呼ぶことにします。**循環論を避けるため、これについてはできるだけ、客観的でかつ具体的に捉えやすいものにしておきます。

これらは、特別な専門性をもたない人でも確認しやすいもの、本人や保護者でも「ある」とか「ない」と納得しやすく、基準が明確で評価しやすいものであるべきです。

この不登校リスクとは、すでに欠席や遅刻早退、適応指導教室や保健室への登校が多い子、朝の登校しぶりが認められる、学校の場において体調の不良、集団不適応とみなされる問題行動が出現している子を指しているわけではありません。そのような状態にあれば、もはや不登校や学校不適応のサインが出ている子、との表現があてはまります。

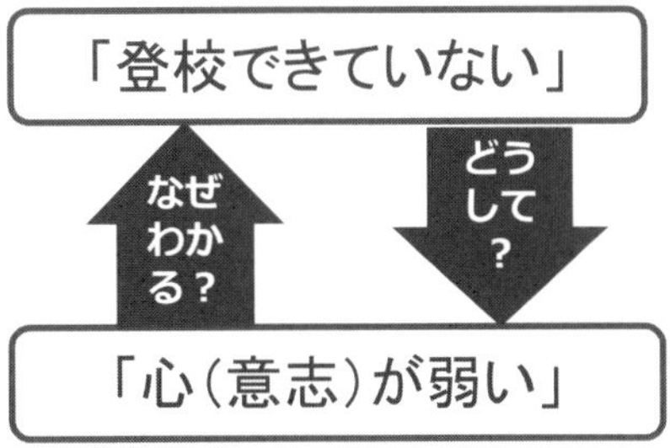

図１▶不登校理解によくある循環論

不登校リスクとは、あくまで、「**現在のところ元気に普通に（その子らしく）登校して活動もできているのだが、何らかの大きな衝撃を体験した際、あるいは個々には小さくとも複数の衝撃が時期的に重なって体験された際、一気に不登校かそれに近い状態、教室で落ち着いて活動に参加するのが困難となる展開が大きく懸念される児童生徒に見られる具体的な背景**」と定義されます。これも図２に示しておきました。

予測力の大きい不登校リスクとして、「過去に多い欠席あり」「家庭内に不登校の方あり」「好き嫌いが激しい」「生活リズムの不安定さ」をあげています。

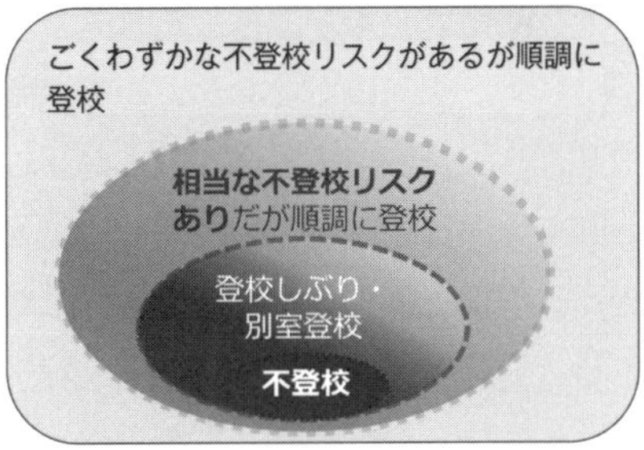

図２▶不登校・登校しぶり・別室登校と不登校リスク

第2部　未然防止編

02 不登校リスクを理解して悪い予測を立ててみる

- ☑ 不登校リスクがある子にはそのリスクをなくす指導が必要ですか？
- ☑ 悪い予測を立てることにマイナスの影響はありませんか？

図▶不登校リスクのイメージ

不登校リスクについて、イメージで説明したのが図です。

大きな衝撃があっても、それですぐに不登校の状態になることは考えにくい子と、それほどでもない衝撃で不登校になってしまいかねない、不登校リスクを複数抱えている子を対比しています。

図で大きな木槌で示した衝撃に相当する体験は様々で、いくつかの典型を本書の第1部第2章で紹介しました。体調面のトラブルのこともありますし、信頼していた相手（仲間、教師）に裏切られたと思い込むなどから深く落ち込んでしまう、不安を抱えてしまうといったこともあるでしょう。

一つ一つはさほど大きくない衝撃ですが、短期間のうちに複数が重なってしまうこともあります。保健室で休んでいたら、たまたま部活動の顧問教師に出くわし、「気持ちのもち方次第だぞ」と声をかけられた。「理解されていない」と感じた。イライラと落ち込みを抱えて帰宅したら、親がたまたま仕事で忙しい日で、じっくりと話を聞いてもらえず「後にして」と言われた。こんな展開はどの子にもあることです。

不登校の新規出現を抑制するためには、この不登校リスクが多い子をクラスの中から確認し、普段から関わる教職員の範囲で共有し、それぞれの子にありそうな衝撃に備え、わずかでもよいのでいくらか手厚い配慮、守りを配備しておく、ということが現実性ある対応策となります。

以下は荒唐無稽な、ＳＦマンガのような話になります。タイムマシンで半年後まで旅して、担任をつとめるクラスの様子をこっそり覗いてみたらなんと、毎日元気に登校していたはずの児童（生徒）Ａが不登校状態になっていることを知ります。その後「現在」に戻ってきて、どうするでしょうか。Ａ本人やその保護者に向けて、「このままだと不登校になってしまうから」と事情を話し、備えてもらうわけにはいきません。タイムマシンに乗せてくれた方からは、「未来について知った事実を誰にも教えてはいけない」と言われているので、同僚や専門家との情報共有も不可能です。「未来を知ってしまった」クラス担任として、孤軍奮闘できることは何でしょう。答えは、少し多めの緻密な観察と気配りです。

半年後に不登校になる事実を知ったＡへの対応も、かなり大きな不登校リスクを複数抱えている子に提供できる未然防止の支援も同じです。特別な備え、特別な対応は無理でも、未来のリスクがわかっていれば、できることが見つかります。

「不登校リスクを解消するのが教師の役目」と考える必要はありません。残念ながら、数か月や半年で簡単になくす、減らすことができるような不登校リスクは多くありません。

ただし、不登校リスクについて、縦の連携で伝達していくことは重要です。学校現場で連携が強調されるようになって久しいですが、それはたいてい、横の、つまり同時期に勤務校や主で指導する児童生徒を同じとする職員、同僚の間での連携です。翌年、将来その子の指導支援にあたる「顔が見えない」教師、支援者との「縦の」（引き継ぎの）連携は、大きな課題です。

第2部　未然防止編

03 4大不登校リスク〈その1〉：過去に多い欠席歴がある

- ☑ 不登校経験はその後再登校できたらリセットされますか？
- ☑ 小学校時代の不登校経験は中学校や高校でも影響しますか？

読者の皆さんには、小学校から社会人として勤務する中で、何かの事情から「（自分だけが）長期間休んでいた」という経験があるでしょうか。理由は入院や静養が必要な怪我や病気かもしれませんし、産休や育休などでという方もいるでしょう。もちろん中には、不登校や休学を経験したという方もいるでしょう。

いかなる理由であれ、「他の生徒や同僚が普段と同じく登校や通勤を続ける中、自分だけが休み続ける」となれば、漠然とした不安や焦燥が伴うものです。特に休み始めてしばらくの間と、復帰する際の苦しさは説明するのも難しいことでしょう。気持ちを軽くするのは難しいため、ゲームやネットにますます没頭する、それを見た家族が厳しく対応することもよくある展開です。

小学校と中学校、そして「義務教育」に近い高校に通い続けることは、大半の子供にとって最初は「あたりまえ」のことです。その「あたりまえ」を自分だけが「崩す」のはとても「勇気がいること」です。ところが実際に体験してみれば、「案外簡単にできてしまうこと」だと悟ります。

その後に再び登校できるようになったとしても、「案外できてしまう」との記憶は残ります。休み続けることによりとてつもなく恐ろしい目に遭遇したのかと言えばそうでもなく、むしろ「休むのもあり」との「開き直り」を経験したわけです。決して「良い思い出」ではないし、「不登校経験者」となったことへの複雑な思いも残るが、「いざとなれば選択できる」という感覚も身に付きます。

人を含む生き物全般においては、脅威に晒されてそこから逃れるためにとる手立ては、個体ごとにワンパターンになる傾向があるものです。

不意なアクシデントでパニックに陥った時に大声をあげた人が同じ目に遭えばそこでも大声をあげることでしょう。声を出せなかった人は次もやはり出せなくなります。

上司から不手際を責められたが納得できないという時の気持ちの立て直しのためにとる手段もほぼ同じです。慰めの言葉をもらえる誰かをつかまえて話を聞いてもらう、手紙やメールを上司に送る、物にあたる、ひたすら自らを責めるなど、それぞれに、「過去によく用いた手段」を無意識に選びがちです。

着目すべきは、かつて苦悩から逃れ緩和のためにとった方法が、必ずしも良い成果をもたらしたわけではないにもかかわらず、つい、また同じ方法をとってしまうという点です。これまでの経験を踏まえ、より望ましい気持ちの立て直しの手段を選びとろう、という合理的な対応は難しいものです。経験が少ない子供であればなおのことです。

不登校は悪でも罪でも、ましてや問題行動でもありません。かつて学校を長く休んだ経験がある子が、ない子よりも、学校を休む、教室に入らない選択をしがちであるという現実から目を背ける必要はありません。ましてや、（本章第１節で「循環論」について解説したとおり）弱さやだらしなさのレッテルを貼るのもナンセンスです。

ただ、「かつて長く休んだ経験がある」ことが将来の不登校に向け、一つのリスクになることは、学校教育に関わる上では冷静に受けて止めておくべきです。**不登校を経験した子が再登校できたら、その子は「以前よりたくましくなった」とも言えるのですが、再び同じ状態になるリスクが小さくなるとは期待できません。**「一度不登校を経験してたくましくなった結果、再び不登校という対処を選択しやすくなった」というようにうかがえる子が多いため過去の欠席は予測に使えます。

例えば、学校感染症にかかって一週間の欠席をとることになった子について、過去にも長く学校を欠席していたとの情報をクラス担任がもっていれば、登校可能となる前日の電話連絡において、よりきめ細かな配慮があるやりとりができるのかもしれません。本人にとってより安心することにつながる情報を添えてみる、といった対応もとれるでしょう。不登校の未然防止は、こんな細部の積み重ねで達成されていきます。

第２部　未然防止編

04　４大不登校リスク〈その２〉：家族に不登校の方がいる

?
☑ 不登校はきょうだいの間で連鎖しますか？
☑ きょうだいそろって不登校というのは保護者の問題でしょうか？

不登校の「きょうだい間の連鎖」という事例が決して少なくないことは、多くの学校現場、そして子供の不調の支援に関わる方々において同感いただけることです。そのような明らかな傾向について、学校としてはどう理解すれば良いのでしょう。心理学の専門家の中には、家庭環境や保護者の養育態度や対応に、不登校をまねく要因があるのでは、といった見方をする人もいます。果たしてそこに主因があるのでしょうか。

きょうだいで不登校となると、多くの保護者の方は、親としての自信をすっかり失います。どうしても「親の育て方や家庭環境に責任がある」と考えてしまいます。周囲から、時には教師や相談機関スタッフからそういった示唆、あるいはそれを前提としているかのような質問を受けている方も少なくありません。中には、「子供の問題の大半は親が原因」といった内容の書籍を読んだ影響を受け、罪を背負って生きていくような覚悟をもたれる方もいます。逆に、背負い込むのがあまりにも辛く、「それでも将来は暗くない」という思いをもち続けようとするあまり、期待できる支援の多くを早々に放棄してしまっているかのように見える保護者の方もいます。

こんなエピソードがあります（細部は変更）。

スクールカウンセラーとしてある中学校に勤務していた筆者のところに久しぶりに来談された保護者が、部屋に入るなり、「ごめんなさい！」と口にされたのです。お話をうかがうと、登校しぶりがあった上のきょうだいは教室復帰しその後も順調だったのですが、中学に進学した下のきょうだいが登校しぶりとなったとのことでした。

その家庭には、３人きょうだいのいちばん上、中学校がほぼ全欠で、定時制の高校に進学、「マイペース」で就学とアルバイトをしている方がいました。非行などは一切なく、父親も含め、皆さん優しく、繊細な面ももっている家庭でした。

当時の筆者はすでに、不登校のきょうだい間連鎖はよくあること、養育の状況や家庭の価値観、あるいは遺伝的な影響などは背景にあるかもしれないが、それを話題にしても良い進展を得られる可能性は低いことを理解していました。あくまでその児童生徒について、個としての諸事情や特性、経緯などの情報を集め整理し、必要に応じてソーシャルワーク的な支援も検討しながらすすめました。再び教室に入れるようになるまでは時間がかかりましたが、適応指導教室への登校にスムースに展開できました。

きょうだい間の連鎖が多くなる理由はおそらく単純です。**不登校やひきこもり状態にあるきょうだいと生活を共にすることそのものが、「休み続けるのもあり」という気持ちと無意識的な模倣を生じやすくしていること**が一つ。**保護者側にも上のきょうだいの経験から、「背中を押す対応は無効」との判断になりやすく（これが「良い」「良くない」はケースバイケース）、早期から「登校のための支援が弱くなりやすい」ため**が二つ。それから何より、**生活上のいくつかの事情が同じであること**です。

きょうだい間の連鎖がある事例でも、支援の基本は同じで良いかと思います。学校における棘の理解と、元気が回復するためのヒントにつながる情報を本人と家庭からいただくことに集中するべきです。

保護者はつい、「上の子も同じでした……」と、きょうだい間の共通点を語ろうとしがちです。聞いてもらってほっとしたい気持ちもあるでしょう。それにあえて「パンクチュエイト」（句読点をつけるの意味）させていただきます。「なるほど、上の○○さんだと▲▲▲だった。でもＡさんでは少し違って★★★ということですね」などです。**きょうだい間の違いを強調してうかがいます。**

不登校における連鎖について、実証的な研究は今後に期待するしかありません。ただし、令和型の不登校における大きなリスクとして予測に活かさないのは、かなりもったいないと言えます。加えて、普段から交流の多い子、ごく親しい友人が不登校やひきこもりになった場合もリスクとなる可能性あり、とみなすべきでしょう。

第2部　未然防止編

05 4大不登校リスク〈その3〉：好き嫌いの激しさ

?

☑ **ちょっとでも嫌なことがあるとすべて嫌になる子が増えている？**
☑ **感覚過敏というのはやはり発達障害の影響ですか？**

いわゆる発達障害、とりわけ、自閉スペクトラム症に関しては、コミュニケーションや社会性の課題と、感覚過敏さの問題が、様々な二次障害につながりやすいとされています。障害の診断がつくのか、診断はつかないもののグレーゾーンなのか、ということそのものは、実は学校現場での指導を大きく左右する情報ではありません。**発達障害の診断の有無に関係なく、この二つの特徴が強ければそれはそのまま不登校リスクとなり得ます。**特にここでは、感覚の過敏さと回避したがる傾向を大きな不登校リスクとしてとりあげます。

我々人間はみな、工場から工業製品として出荷される機械ではないので、人間らしさをもっています。人間らしさとは、様々な刺激に対する反応性において、凸凹があるということで、言い方を変えれば、様々なことに関して、得意不得意、好き嫌いをもっているということです。

感覚過敏の傾向、その強度と範囲の広さは、ある程度までもって生まれた特性でもあるようです。したがって、遺伝的な特性を共有している確率が高い家族間では互いに違和感がなく、むしろ家族の中にたいてい１人、２人、よく理解してくれる人がいてくれるのでカバーし合っているのです。学校に通うようになって初めて見いだされ、対処（馴れ）をせまられる、ということになります。

例えば、昆虫が苦手な祖母、その娘でやはり昆虫が苦手なお母さんの徹底した「昆虫嫌い」を受けて、普段から虫を排除してきた家庭環境に生まれ育ったらどうでしょう。昆虫は苦手、昆虫がいたら落ち着いていられない、という過敏さをもって成長するのがむしろ自然です。

構成人数の少ない核家族において、子供の感覚過敏さは（良くも悪くも）保存されやすい、と言えます。それを楽しみの活動の中で馴らしていく社会の仕組みが、保育園や幼稚園であり、義務教育です。

「多様な学びの環境の提供」で緩和することと並行して、感覚的にやや過敏さを感じても、それに馴れることで経験しなかった楽しみを味わえる、という**トンネル体験（暗がりを抜け出た先に快を体験できる）を支える教師スキルが要求されています**。

一言で感覚と表記していますが、様々なものがあり得ます。何を美しいと感じ、触れると心地良くなるのか、という面での感覚は問題になりません。一定以上の不安や恐怖、嫌悪をもたらし、予感が働けばあらかじめ避けようとする行動（回避行動）につながりやすいものが、課題になります。

我々にとって、不安や恐怖、嫌悪を抱えていることには、不快さはありますが、生きていく上で大切です。これをなくすことは難しいし、簡単ではありません。生活を困らせるのは、大人でも子供でも同じですが、回避行動、その癖の強さなのです。

小学校で５倍ともなった不登校、登校しぶりに関連してだと、体育など実技科目では、一般家庭では体験できない具体的な刺激、道具、課題に触れることになりますので、配慮が必要になります。

例えば、鉄棒などにある金属の臭い、マット運動のマットの埃臭さなどへの過敏さがあります。プラスチック製やビニール製にある臭いもそうでしょう。馴れていないものに触れる楽しみを覚える子もいる一方で、その逆の特性をもつ子も増えています。リアルに触れるよりはバーチャルで遊ぶことが多く、かつその方がずっと家計に優しい時代ですし、保育園、幼稚園におけるそれらの配慮も丁寧になっています。発達上の特性云々にかかわらず、最初の接近で抵抗を覚えると、その後も回避行動をとり続けてしまい、直に晒されるとパニックになってしまう子もいます。それが令和型不登校の増加に関わっている可能性があります。

低学年で初めて触れる刺激、状況などにおいて、**段階的な接近接触を心がけ、できれば楽しいと感じてもらいやすい活動でやや気持ちが高揚したところで新規の課題に取り組んでもらうなどの工夫も有効**です。

第２部　未然防止編

06 ４大不登校リスク〈その４〉：就寝と起床の不安定さ

☑ ネットやゲームの影響で連日「朝から眠そう」な子が増えてますが？
☑ 睡眠については時間の長さだけでなく質も大切だと聞きますが？

令和型不登校のリスクにおいて、「質量ともに十分な睡眠」がうまくとれていない状態が続いていることを含めないわけにはいきません。

睡眠については第２部第６章でより詳しく解説しますが、ここでは不登校リスクとしての睡眠の問題、生活リズムについて紹介します。

子供の不登校に限らず、成人のメンタル不調でも、改善が「順調な人」と「順調でない人」に分かれます。「順調でない人」とはつまり症状が重い人だと言い切れないところが、心のトラブルの理解で難しいところです。良くなりかけては悪化するのを繰り返す、良い状態を維持するための動機付けが安定しない、という方もいます。

その違いをもたらす背景の違いについても、様々な要因があります。**「睡眠」と「睡眠に関わる生活習慣」は、間違いなくそこでの影響が大きいポイントの一つ**です。

「不登校」の場合だと、夜には機嫌が良いのに翌朝になると起きられなかった、朝になると体調不良に襲われた、という展開は多いものです。

そんな展開が繰り返されると、保護者や支援する側としては、「このような、前向きの支援、学校などに近付けることを目指した支援は、本人の心にマイナスに作用してしまう」という支援仮説に傾きがちになります。そして、それが、「当面の安静を優先した結果の長い停滞」のスタートになってしまいがちです。あれこれ取り組んでも結局改善せず、の繰り返しは、いわゆる学習性の無気力（前向きになれない態度そのものの学習）という、ますます回復が遠のく展開をもたらします。

不登校に限らず、機嫌の良し悪しの大きな波があると、パーソナリティ障害や発達障害など、より困難な障害が背後に潜んでいるのではないか、といった理解になりがちです。

不登校だからといって、**何が何でも再登校してもらうことを主たる目的**

として支援する必要はありません。**とにかく元気を回復してもらうというのがねらいで、元気になれば「動く」方向性は本人が決めること**ができるだろう、は正論です。しかしながら、その元気の維持が難しいわけで、それを**困難にしているのは、しばしば概日リズムの乱れによる気分の過度な変動**です。

睡眠、概日リズムの不調は、メンタルと身体の不調との間で相互作用しますので、どちらが原因でどちらが結果か、わからなくなります。

医療機関の処方薬はしばしば（開発がすすんでずいぶん良くなってきているようですが）、覚醒の変動に影響することもあるので、処方を受け始めたらできるだけ生活リズムを整えておくことで効きめを確認し受診時に伝えていくべきです。

あまりにも混乱が大きいと、未成年でも入院治療になることがあります。それはある意味、概日リズムを強力に整えることになるので、一つの有効な手段になります。あとは退院後にその成果をどう維持できるかが課題となります。退院を前に生活を整えることの大切さを本人と家族に認識いただく必要もあります。

不登校に限らず、人間関係のトラブルや学業不振などのリスクを確実に小さくしたいと望むのであれば、生活リズムを整えることで睡眠の時間、質を良く維持することを心がけるべきです。何らかのエピソードで心や体調が不調となっても、立ち直りやすくなります。

「寝る時間が惜しく感じる」「寝る間を惜しんで努力することに価値がある」という我が国の文化、風潮が改められることがないうちに、手軽に膨大なデータにアクセスし、インタラクティブなツールがあふれる時代が到来してしまった状況にどう向き合うかが国民全体の課題です。

睡眠をしっかりとることの大切さを10代で身に付けることができるかどうか、安定した生活がもたらすメリットを経験できたかどうかは、その先の長い人生においてとても貴重な財産となるでしょう。ヒトの脳の調整機能が完成するのは30歳前後であるという最近の科学的知見も気になるところです。

第２部　未然防止編

07 その他の様々な不登校リスク

☑ 学習や人間関係づくりも不登校リスクになりますか？
☑ 家庭状況も不登校リスクになりますか？

四つの大きな「不登校リスク」の他にも、様々な不登校リスクが存在します。大別すると、「本人の困難」と「家庭の状況」です。前者はさらに、抽象度の高い学習に求められる能力と対人関係能力の側面に分かれます。

まず「学習の能力」について。学校での学びは一般に、学年が上がるほど、抽象的、概念的になっていきます。生きていく上で有用な学び、というのは、必ずしも抽象度の高い内容である必然はありませんが、どうしても、学校で求められる課題はそのようにすすんでいきます。

教師の説明や要求が理解できないが、じっと大人しくしていることができる、周囲の子の動作を表面的に模倣してなんとか無難にこなす、教師からも周囲の子からも注目されることなく時間が過ぎていくことをひたすら待つ毎日になりつつある子もリスクを抱えていると言えます。

小学校などで学力を客観的に評価する機会が減ってきているため、このような「学習面のリスクを抱えつつも静かな子」の早期発見を難しくしているのかもしれません。特別な支援を要する子とは、教室内での徘徊、授業妨害などの問題を示す子だけではないのです。

社会性、コミュニケーションにおける困難もリスクとなります。また、**課題がありながら大人しく過ごせている子、大人しく過ごすしかスキルをもたない子も「不登校リスクを抱えた子」とみなせます**。

小学校の低学年のうちは、「お話が面白い」子とそうでない子の違いは、関係性においてまだそれほど影響しません。周囲の子の働きかけに何らかの反応を示せるのであれば、集団の中に居場所を見付けることができます。穏やかであればむしろ、良く受け入れられるくらいです。

しかし、小学校の４、５年から中学校の１、２年くらいになるとコミュニケーションの巧みさが、子供たちの間ではノリの良さとして意識されてきます。テレビ番組でもネットの動画で、刺激がないとすぐに別のコンテンツへと切り替えられるのと同じです。この年代ではまだ、「互いの個性を認め合う余裕をもつ」ことはできません。

何か語ろうとしても周囲から「すぐに話題を変えられてしまう」場面もあります。皆、コミュニケーションの輪の中でできるだけ良いポジションを得ることに必死で、遅れのある子を手助けするゆとりはありません。

家庭環境にも様々な不登校リスクがあります。ただし、今どきの学校は家庭内の事情をそう簡単にうかがえなくなっています。家庭に温かい交流があるかどうか、具体的な困難がリスクとして存在しないか、情報があれば慎重に共有していきます。逆に、**「子供に不調や問題があれば確実に家庭に原因がある」のスタンスの決めつけも望ましくありません**。

今日、例えば「幼い頃から保育園に預けられたから愛情不足なのだ」というエセ科学を、少なくとも公の場で語る教師や専門家は少なくなりました。しかし、そんな的外れな示唆を受け、心を閉ざす保護者は少なくありません。

家庭において「重要な役割をもたされている子」も、早いうちから気にかけておいた方が良いでしょう。保護者に経済的事情、出勤が早く帰宅が遅くなりがちな勤務、あるいはギャンブルへののめり込みなどの問題があり、幼いきょうだいの面倒を見ているような状況です。最近は、１人にできない高齢者の見守りという事例も増えてきました。

ヤングケアラーという言葉も紹介され、注目されるようになりました。欧米の基準では十分に「虐待」に相当するものです。余裕がない保護者の状況と登校への抵抗がある子供のニーズが微妙に合致するという展開です。

このほか、家庭に独特の価値観、時には宗教の背景が絡む場合もあります。**色眼鏡で見ることなく、しかし一つのリスク情報として受け止めておく、慎重に引き継ぐ**ことが、教育に関わる専門家として求められます。

また、健康上で配慮が必要なこと、アレルギーなどによる活動の制限、容姿における目立つ特徴なども不登校リスクにつながります。

第２部　未然防止編

01 中学校での初期対応における連携〈その１〉

☑ 初期対応で望まれる中学校の校内体制について教えてください。
☑ 初期対応のためのチーム会議ではどこからすすめるべきですか？

中学校でのフットワークの軽さを重視した初期対応の展開を架空事例で紹介します。体調不良を理由とした早退、欠席、保健室利用が増えてきた、Ｙ中学校２年の生徒Ｘの事例とします。

Ｙ中学校ではＸのような「心配される生徒」が出た場合、当該生徒のクラス担任、クラス担任をもたない学年主任、学校全体で生徒指導上のトラブルを担当する生徒指導担当が、第一回の対応会議を行うことになっています。あえて最低限の人数で短時間（15〜20分ほど、長くても30分以内）とします。これを「コア対応チーム」と呼びます。

最初から管理職の参加が必須とはしません（管理職には、通常は報告のみ）。速やかに打ち合わせの機会を確保することを優先します。

仮にタイミング悪くクラス担任が出張ないし数日の休暇中であったとしても、状況について情報をつかんだ学年主任や生徒指導担当、あるいは教頭や養護教諭が声をかけ、情報収集とその一本化作業を開始するための対応会議を開催します。非常勤のスクールカウンセラーは、もともと日程が合わせにくく、面接の予約等も多いので、この時点ではまだ参加は求めません。

この初回の対応会議でのポイントは次の三つです。

①生徒Ｘの「現在」について遅刻、早退、欠席、保健室利用などで学習活動に参加できなかった状況の確認

②生徒Ｘの「これまで」について誰が情報集約を行うかの確認（できれば現クラス担任以外が担当）

③現在の生徒Ｘへの初期対応（原則としてクラス担任）の在り方の確認

そしてそれらを「支援シート」「アセスメントシート」などに整理します。

前述の二つ目、「これまで」の情報分析については、現在のクラス担任以外の、初回の対応会議参加メンバーの生徒指導（教育相談・不登校）担

当、あるいは学年主任が行います。

逆に言えば、子供についてこれまでの情報を現担任以外でも確認しやすくしておくことが学校として求められます。すべての在校生徒について、必要となれば前年度までの状況（小学校からの申し送り、転校生徒であれば転入前の学校からの情報）を、学年主任や生徒指導主任が参照できるようにしておきます。

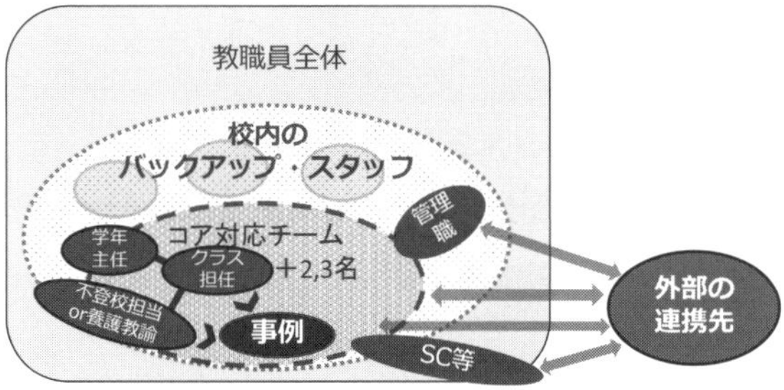

図１▶コア対応チームと校内および外部連携

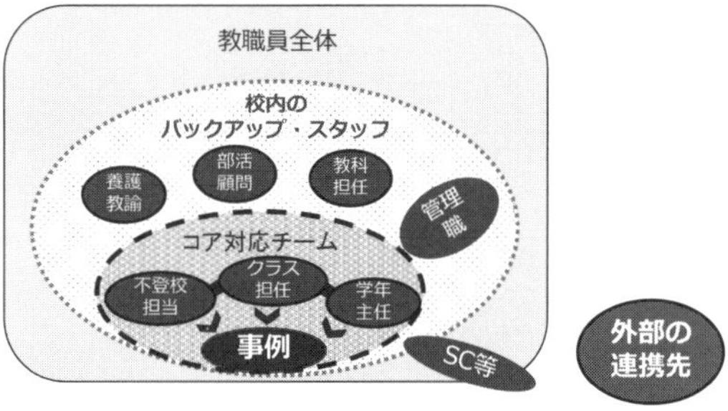

図２▶学年主任と不登校担当が関わり外部連携からの支援はまだ受けていないコア対応チームの例（標準型）

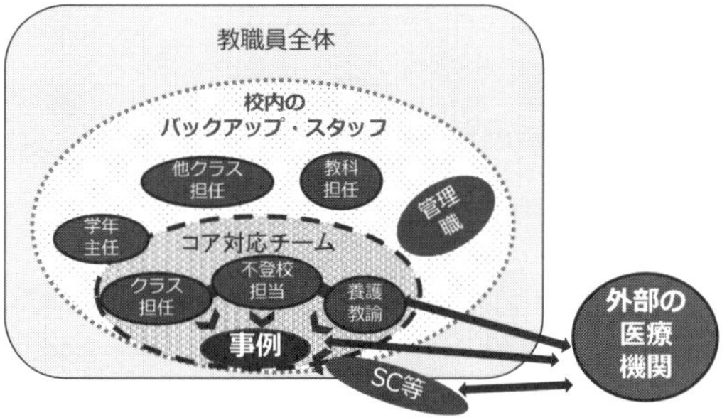

図３▶担任や不登校担当だけでなく養護教諭やSCが外部の医療機関等の専門性の支援を受けつつ支えるコア対応チームの例（医療連携への発展型）

第２部　未然防止編

02 中学校での初期対応における連携〈その２〉

☑ 不登校の初期対応会議の後、どのように展開していくべきですか？
☑ 初期対応から子供の過去の情報を確認する必要がありますか？

前節のＹ中学校での事例での説明の続きです。

中２の５月中旬から、不調が認められるようになった生徒Ｘについて、５月下旬にはクラス担任Ａ、学年主任Ｂ、生徒指導担当Ｃによって第１回の対応会議が開催されました。学年主任Ｂは、前年度、中１でのＸのクラス担任Ｄに協力を得て、もともとのＸの不登校リスク、棘となる要因、中１での支援、保護者や家庭の状況などの情報を整理しました。その結果は以下のとおりでした。

・Ｘには小４でも年間40日の欠席がある
・夏休みの課題が終わらないことを気にして夏休み明けに登校しぶりとなり、その後欠席が増えた
・小４の頃から算数など抽象的論理的理解に困難の徴候
・小４時の担任が家庭訪問で、学校行事に誘って登校が回復
・小４の冬以降、小６卒業まで通常学級に所属のまま、特別配慮の課題等の個別対応で支えられた

これらの情報の入手は、Ｙ中学校区で、過去数年間にわたり中学校からの強い要請で実現した小中連携体制の成果でした。
中学校進学後のＸについては以下です。

・中１ではクラス担任でかつ数学担当のＤが、特別支援コーディネーターＥの助言を受けながらＸの学習をきめ細かに支える
・クラスには同じ小学校で面倒見のよいＺはじめ数名のつながりがありプラスになった
・その後Ｚも所属する部活や生徒会活動で忙しくなる
・Ｘ本人も部活動継続などで自信をつけ成長が認められた

２回目の対応会議では、支援が薄くなったところで発生した中２での不調との判断が共有されました。
中２で数学の理解が困難になったことの他にも、他の教科でも理解の遅れが認められ、それを「いじめ」と言えるか微妙ながらもＸに強い口調で指摘した生徒がクラス内にいることも話題になりました。

これは、初回の対応会議の後、担任Ａがすべての教科担任にＸへの心配を連絡した直後、理科担当のＧがたまたま気付き注意したとの返答があったため確認、共有されました。後々、このＧからＡへの報告は、Ｘへの支援の大きな決め手となりました。

　他にも、中２からＸと同じクラスになった生徒の中に、Ｘと同じ部活動で、部活の中でもからかいのようなやりとりがあり、その後Ｘはその生徒と親しい生徒１人を恐れている様子との報告もありました。その部活動の顧問Ｈと副顧問Ｉにも、警戒と必要あった場合の指導の依頼も、支援チームから伝えられました。

　Ｘ本人から、この中２でのクラスそして部活動での、苦手な生徒の存在についてようやく語られたのは、中２の11月の担任Ａとの教育相談でした。「お詫び」などはなくていい、ということで行われませんでしたが教師の警戒は維持されました。

　Ｘの保護者からは、中２の６月頃、「ゲーム機が欲しい」「自分専用の端末が欲しい」などと、荒れる様子がうかがえたとの情報がクラス担任Ａにあり、たびたび話題になりました。スクールカウンセラーと母親の面談が９月から継続されました。

　12月には登校も安定してきたので、Ｘについて定期の連絡会議は開催されなくなり、その後は担任Ａによる「やや手厚い」見守りによる継続となりました。結局、Ｘへの支援は、Ａと数学担当Ｄ、および特別支援コーディネーターＥによる補助で展開し、その後Ｘは、３年に進級し、中学校卒業まで特に登校が不安定になることなく、高校受験も何とか乗り切ることができました。

　終わってみれば、さほど深刻ではなかった事例のようにうかがえるかもしれません。実際には、わずかにタイミングが遅れれば、支援に大きなコストを要し、かつ、長期不登校になりかねない事例でした。

　１人の教師が特定の子のすべてを把握し、保護者家庭も含めて支える。これで乗り切れる事例もあるでしょうが、その主担当に何か困難があると、支えるのが難しくなります。個人の資質と状況に大きく依存するのでは組織としては極めて脆弱です。**複数の教職員が、それぞれのポジションから支え、決定的な決め手など不明なまま支援が継続していく体制が基本となるべき**です。

「チーム学校」が提唱されて久しくなります。メンバーの数ではなく、３人ほどに厳選されたコア・スタッフが支援の見通しを立て必要に応じて他のメンバーに承諾を得て指示を出す機動力のある体制が求められます。

03 小学校での初期対応における連携

☑ クラス担任をもたないスタッフが少ない小学校での初期対応は？
☑ 小学校での不登校初期対応について担任の負担軽減は可能ですか？

前節、前々節で紹介した中学校事例による初期対応からのチーム支援体制づくりは、小学校でも参考にしていただけることでしょう。

小学校では、（前節、前々節の）生徒Ｘのように登校しぶりが認められる児童についてクラス担任がチーム対応を希望しても具体的なサポートを受ける見通しが立たない場合が少なくありません。

小学校では、学年主任もまた生徒指導担当も、それぞれがクラス担任を兼任している場合が多く、しばしば力量と経験をかわれて「手がかかる子」を自身のクラスに任されています。余力がないのは周囲もよくわかるので、同じ学年の担任がヘルプを出しにくいのも当然です。実際に会議を開いても具体性ある支援はなく、むしろ、困難の状況を説明するだけ、一般論的な助言が返ってくるだけの会議になりがちです。

これでは、対応会議の開催をお願いするメリットがあまり感じとれません。むしろ、「ちゃんと対応すればなんとかなる」とプレッシャーを感じるだけの結果にしかなりません。

令和型不登校の増加が著しい小学校でこそ、短くとも対応会議の初回を開催し、単なる励まし、意味のない応援の言葉だけでなく、具体的、現実性ある手立て、役割分担が確認されるべきでしょう。

コア対応チームですが、学年主任か生徒指導担当ないし管理職のどちらか、さらに特別支援コーディネーターか養護教諭などから、クラス担任以外に２人というところでしょう。また、管理職が含まれる場合も小学校だと多くなるでしょうが、指示や指導の色彩が強くなりすぎていないか確認しながらすすめていきます。子供に普段から関わっている教員の懸念をしっかりすくい上げる姿勢が求められます。助言する必要があれば、担任の「意識」や「姿勢」といった抽象表現ではなく、観察と記録に基づく内容とすべきです。

初回で確認すべきことは、前節と同じです。一つ目は、児童の状況について担任から。二つ目は、当該児童の前年度までについての情報で明らかなこととそれについてのさらなる詳細の確認と整理です。入学以降の情報を整理して必要なときに参照しやすく管理しておくことが大切になります。前年度の担任（異動等があれば学年主任など）から前年度までの情報を集めておく、そのための役割を、現クラス担任以外が支援する、引き受けるといった配慮が必要となります。他に保護者への対応が負担になることが予想される場合は、早めに担任以外の担当を決めておくのが良いでしょう。

三つ目は、現在の状況と明日からの支援の見通しについてです。欠席時の家庭への連絡、家庭訪問、クラス内で関連しているようなトラブルへの対応などについて、無理のない役割分担が有効です。他の教職員に協力を仰ぐことに慣れていないクラス担任だと、抱え込んでしまいがちになることを前提にできるだけ共有を促す声かけが欲しいところです。

平成の時代、まだ小学校の不登校が数百人に１人だった時代においては、家庭訪問を連日継続するといった過度な負担があたりまえの学校も多かったと思います。最適な頻度について一概に規定することは難しいのですが、毎週といった高頻度の家庭訪問は休み始めの初期段階までを原則とすべきでしょう。**「不登校となれば家庭訪問を継続する」を暗黙の学校ルールとせず、明確な意義、目的を対応会議メンバーの複数で確認した上で、ということにすべき**でしょう。

いじめのような複数のトラブルがきっかけになっている可能性がある場合は、そこに関わった児童から（しばしば個別に）聞き取りを行わなければならなくなります。それらについても「すべてクラス担任が」という「小学校の暗黙の対応ルール」を思いきって解除してみる時代になりました。

チーム学校の対応にいくぶんか馴れている中学校あるいは高校に追いつくべく、**小学校における体制の整備が急がれます。**コア対応チームの編成、対応会議において共有すべき情報を整理する役割の分担を現クラス担任への負担集中を極力避けつつ確定し、事例の状況に応じ柔軟な支援方針の決定へ速やかに展開できるかどうかがポイントとなります。

04 専門性ある校内支援スタッフとの連携

- 学校医や養護教諭との校内連携については？
- スクールカウンセラーやソーシャルワーカーとの連携は？

ここでは、専門性ある同僚や校内スタッフとの連携を解説します。

まず特別支援コーディネーターと養護教諭について。理想を言えば、学校の中、家庭あるいは、登校に関してトラブルが発生してからではなく、**まだ登校できているうちの備えが望まれます**。普段から子供が抱えているリスクを一般教師より専門性高いこれらの同僚と簡単に共有しておき、**仮にクラス担任が「異動ないし休職に入る」となっても速やかに引継ぎができるくらいまで**、情報と理解、支援のポイントを整理できているとすれば満点です。このような作業を、事例アセスメントと呼びます。

子供は多くの場合、身体面から不調を訴えます。養護教諭の視点からの子供理解、捉え方はとても貴重な情報です。子供特有のわがままやだらしなさのせいとみなされがちな問題行動の兆しについて、関連する疾患や発達上の特性などとの関連で見つめ直せることも、養護教諭や特別支援コーディネーターならではの視点です。

もっとも、何かトラブルある度に「専門機関で診てもらうべき」と保護者に忠告するだけであれば、そこに事例アセスメントなどは必要ありません。子供本人やその家庭状況についてすでに学校が把握している情報、最近になって目につくトラブルの状況を分析した上で、どのような懸念が考えられるのか、いかなる支援や留意が求められるか、学校で緊急で対応すべきことがあるかどうか、といった判断をするまでは教師という専門性の守備範囲です。

場合によっては、外部の専門家や専門機関の支援が必要となるより深刻な事例かもしれません。仮にその場合であっても、**それらにつながるまでの望ましい対応をリードする役割**も求められます。学校医はしばしば良いパイプをもっています。

ほかの専門性として、スクールカウンセラーやソーシャルワーカーがあります。教員経験があるカウンセラーから、教員資格のない心理の専門性が高いカウンセラーまで様々で、特に後者の場合、連携も互いに慣れるまでは難しいこともありますが、連携には大きな意義があります。

教師サイドからよくあるスクールカウンセラーの印象は次のようなものです。教師集団の対応に不満がありそうだがそれを具体的に指摘することはあまりなく、かといって強い指示命令があるわけでもない。子供や家庭について懸念される点をあれこれ示唆してくれるが、児童生徒本人や保護者とのカウンセリングの内容はしばしば伝わってこない、などです。

子供について守秘義務がある情報を学校からお渡しする相手ですから、カウンセラーの側も得た情報を伝達することで対等となります。守秘義務は、カウンセラーも含めて集団で果たしていくことになります。

ソーシャルワーカーは、教師が踏み込みにくい家庭の状況に関わるスキルが高く、学校教師にとって十分な情報がある子供の学校での様子の理解と、互いの得意と弱点を補い合うかのような協働が可能となるため、学校の教師としては実にありがたい存在になっています。

詳しくは専門書等に委ねますが、いずれにしても、**異なる専門性と事例を介しての協働は、互いの力量を高めるチャンスとなります。**

校内で対応が必要となる事例が多くなると、教員研修の機会を利用して、お互いの専門性の特徴を理解し合い、学び合う機会を確保するのも難しいかもしれません。やりくりして機会をもてると、互いの事例への関わりについての差異、メリットとデメリットを知る機会となります。

対応会議において、最初から特別支援コーディネーターが、あるいは、スクールカウンセラーやソーシャルワーカーが参加できる場合はまれです。前節までに紹介したようなコア対応チームで対応会議を行い、支援チームの主体が自らであることの確認と合意をもって情報を集めて整理し、必要に応じてチームへの協力を依頼することで、支援の主体が明確になります。

最善の支援の中心となるべきは、最も高度な専門性をもつ誰かではありません。普段から子供に継続的に関わり、過去と現在の学校での状況や様々な指導の機会から特徴を把握整理し、保護者にも関わってきた学校教師のコア対応チームのメンバーがおさまるべきなのです。

05 医療、外部の専門機関との連携

- ☑ 学校から医療機関等外部の専門機関への情報提供のコツは？
- ☑ 医療機関と保護者を介して学校が連携するコツは？

学校から保護者（や児童生徒）に、「医療機関でお薬を処方してもらってきてください」「検査を受けてきてください」という言い方、あるいは具体的な処方、検査、あるいは診断名について指示（指示のつもりはなくとも「指示された」と聞こえる伝え方）は望ましくありませんし危険です。

表現としては、「受診（あるいは相談）されて（を検討して）みてはどうでしょうか」という言い方が望まれます。お薬の処方、どのような検査が必要かは、すべて診察した医療機関の主治医が判断することですから「勇み足」になります。そして、その場合でも具体的な根拠（学校で確認できた経緯）について明確に保護者にお伝えする必要があります。そのためには、学校からの情報提供を保護者に持参いただくくらいの明確さが必要になります。

受診した保護者に明らかにとまどいが残り、「学校からは『とにかく受診すべし』と言われたので……」などと曖昧な説明になってしまいかねない提案は望ましくありません。できれば、伝言ではなく学校からの情報提供書を用意し持参いただけると良いでしょう。

依頼を受ける機関が誠実な支援を心がけるところであればあるほど、曖昧な受診申し込みには困惑を覚えるかもしれません。まずは、相手にとって、学校が良い連携先となるにはどうあるべきかの視点が大切です。

学校ができること、すべきことは、保護者と子供本人が少しでも不安なく、抵抗なく受診できるようにすることです。そのためにも曖昧さのない情報のみをコンパクトに整理することと、受診に関しても本人と保護者を温かく支えることが求められます。地域や家庭によっては受診に対する抵抗が強く残っている場合があります。

情報提供書の冒頭の宛名は、保護者がどちらに持参いただいても良いように「担当医殿」で、「以下の児童（生徒）を紹介します。よろしくお願いします」だけの短い挨拶に続き、内容はほぼ箇条書きでかまいません。作成の負担を少しでも軽くします。あらかじめ書式を共有しておき、専門性あるカウンセラーに協力を求めるのも良いでしょう。受診先に渡す前にはコピーを残しておきます。

筆者の経験では、書き方の形式を細かく気にする医療機関はまずありません。無理に背伸びをした記述はマイナスです。末尾には、必ず担当者（クラス担任または担当）と連絡先を明記します。担当名と連絡先（電話とメール）を明記し、相手側の折り返し問い合わせがよりスムースになるよう配慮します。評判の良い医療機関ほど多忙ですから、余計な手間や時間がかかることは困惑させる原因になります。

紹介する児童生徒の氏名や現学年等、基本情報に続き、今回どのような困難や症状、本人の訴え、学校からの懸念があっての受診や情報提供なのか、すべて明確かつ簡潔にまとめます。不登校だけで受診をすすめることは多くないかもしれませんが、不登校であれば欠席数の経過、不登校に関連した他の困り、症状であれば、学校（家庭）のどのような時に、どのようなことが出現しやすいのか、あるいは、出現しないことで困っているのか、それぞれはいつ頃からか、の情報を添えます。

その背景にある、本人や家庭の内面、抽象的なことについての言及はまず必要とされません。「家庭の愛情不足」とか「本人の自己肯定感の低さ」では何も伝わりません。「家庭には父親がおらず、帰宅後は本児が１人で遅く（22時頃）まで留守番をしている日も週に２、３日ある」といった具体的で、かつ厳選された情報が参考になります。

簡潔かつ具体的に、せいぜいＡ４サイズの用紙オモテ１枚に、標準的なフォントサイズで整理されているものが評判が良いようです。下記の文献はおすすめです。

※108ページの支援シートを参考にしてください。

参考文献

・周防美智子・片山紀子著『生徒指導の記録の取り方　個人メモから公的記録まで』学事出版、2023年

01 いじめと不登校の関係

- ☑「いじめが原因の不登校はもっと多いはず」との批判がありますが？
- ☑いじめが原因かどうか、うまく確認する尋ね方はありますか？

国民の多くが「不登校の大半はいじめが原因」と考えているようです。

不登校増加が顕著となった平成の終わりの数年間では、いじめの認知件数も同様に増加しています（「児童生徒の問題行動・不登校等生徒指導上の諸課題に関する調査」）。とは言え、多くの不登校、特に令和型不登校の背景にいじめがあると判断することはできません。発達障害、その可能性が高いと診断される子も年々増えていますが、「発達障害の子が増えたために不登校も増えた」とは言えないのと同じです。

学校からデータを集める前述の調査によれば、「いじめが要因」とされる割合は、１％以下と極めて少ないとされます。これに対し、不登校を経験した子供から直接調査した結果（「不登校児童生徒の実態把握に関する調査報告書」、2021）では、小中ともに（小５と中１で不登校を経験した児童生徒を対象に翌年に調査）、小中いずれも25％ほどが「不登校のきっかけにいじめやいやがらせがあった」を選択したとあります。

この極端な不一致から、「学校の隠蔽体質」を嘆きたくなるのも無理はありません。実際、いじめの影響を過小評価するバイアスが学校側にまったくない、とは言えません。ただ、結論を急ぐ前に、調査方法の違いを吟味し、慎重に考察したいところです。

「複数回答」を可能とすれば、単純に数値（％）は高くなります。質問の際に表現を「いじめ」とするか、「いじめやいやがらせ」とするか、といったことでも違ってくるでしょう。明らかな証拠があったとか、被害を受けたと、本人からの訴えが確認できない場合もしばしばです。被害を受けた、あるいは受けている中にある子はその事実を隠し、少なくともすぐには相談できないものです。被害を受けた時期と不登校となった時期にズレもあるでしょう。つまり、より客観的かつ慎重に判断しようとすればするほど、「いじめによる」との結論は難しくなるのです。

仲間関係のトラブルについて、よくある展開を描写した架空事例です。

小学校５年の夏休み明けの９月のこと。登校しぶりの傾向があるＡが、学校でクラスのある子から、Ａが制作した作品について指示に従っていないと言われ泣き出す、というトラブルがありました。いじめの可能性もあると判断した教師チームは、マニュアルに沿って慎重に対応しました。当日のうちにＡの保護者にも連絡がなされ、Ａに対して「大声でおかしい、と言っていた」（他の児童の報告あり）３人の児童がＡに「謝罪」をしました。Ａはそれを受け入れました。その後、再発等は一切認知されずＡからの訴えもありませんでした。指導当日は「納得できない」表情もあった３人の児童への、クラス担任へのやわらかい指導も奏功しました。

その後も、Ａの登校しぶりは悪化もなければ改善もなく続きました。上記のエピソードから約ひと月経過した３連休明け、Ａはまったく登校しなくなりました。家庭訪問をした際、Ａから「クラスは楽しくない」との言葉が出ました。念のためにその後も、Ａへの適切でない関わり等がなかったか確認しましたが見つからず、Ａ本人も「なかった」と教えてくれました。

クラス内の孤立傾向にある子の「存在」や「ふるまい」が気になり、つい刺激的な声をかけてしまう子がいて、その間で緊張と不安を強めてしまうやりとりは、いじめに展開する一つの典型的パターンです。

いじめ、いじられ、孤立や疎外の状況にあっても「誰にも相談しない（ちくらない）」子は少なくありません。学校でも家庭でも**「相談しても改善なし」の経験が多いほど、相談しなくなります**。また、**学業や諸活動において一定の成果をあげている子ほど、プライドが邪魔して、訴えなくなります。**おすすめの問いかけ例として、**「誰かの関わりで困っている、それが嫌だということはありませんか。もしあったら教えてください。それが誰からかは教えてくれなくても良いです。そのあと、私（教師）が誰に対してどう話しかけるか、あなたをどのように応援していくかは、あなたの考えを教えてもらって、それに合わせてすすめることをお約束します」**などとなるでしょう。**ポイントは、「いじめ」という言葉をうまく避けておくこと**です。

第2部　未然防止編

02 どうしていじめは繰り返されやすいのか〈その1〉

☑ **いじめがなくならないのは、やはり性悪説が正しいからですか？**
☑ **いじめを繰り返す子にはどんなメリットがあるというのでしょうか？**

いじめはなぜ繰り返されやすいのでしょう。「いじめる子の心にある“闇”のせい」では説明になりません。

いじめについて、シンプルでしかも予測と対応に役立つ理解の枠組みを紹介します。それは、子供たちの間で発生する「いじめ」と呼ばれるような加害行為が繰り返される場合、**いかなるメリットがそれを支えているのか**という観点から分析する枠組みです。いじめ加害は、発覚したら厳しい指導を受け、そのために自由な時間も制限される危険があります。しかもそれなりの段取りや労力が必要となります。それでも実行され、繰り返されるというからには、**それなりのメリットがあるはずです**。

恐喝型（金品を脅して奪う、無理に何かを強いる）
人目につかない状況で、「脅しに弱くかつ“ちくらない”子」を標的に
興奮型（集団内の盛り上がりのため特定の子をキャラ化し生け贄とする）
周囲の支持を受けるような状況で、「キャラ化」に成功した子を標的に
制裁型（「うちらルール」に従わないとみなされた子への制裁として）
本人が確実に苦しむよう、「ルール破り」とみなした子が標的に
保身型（ひたすら被害のターゲットを回避するため加害者側につく）
首謀の加害者の子に協力し聴衆となる、自分に害が及ばないなら誰でも

表▶いじめのメカニズム

一般に学年が上がるほど、より大人としての合理的判断、つまり「期待されるメリットに対しリスクが大きい（あり得る危険に見合わない）」という判断が働き、恐喝型の発生は少なくなります。恐喝型には、「金品を奪う」だけでなく「脅して嫌なことをさせる」もあります。発覚する危険の見極めは、標的の子が「ちくり」をする子かどうか、にあります。このタイプの未然防止には、「ちくらない」とみなされそうな子が集団内で守られることが重要です。ポイントは気の弱さとプライドです。

恐喝はそれが子供によるものであろうと凶悪な犯罪であり、暴力がなく

ても言葉等での脅しの場合も含め、深刻な事件であるという前提での毅然とした指導が求められます。最近はいわゆる「写メ」の公開など、ネットを介した脅しを「軽いノリで」というトラブルも増えています。未成年だからといってこれらを犯罪ではなく「いじめ」として理解しても良いのか、疑問を感じるのも市民感覚としては当然です。その結果、うまみを味わう経験をもつことで加害の常習となる展開、逆に誰にも支援を求めることもできず無力感を募らせ、さらに被害に遭いやすくなる展開は、いずれも子供たちの将来において深刻なマイナスとなります。

集団での興奮（盛り上がり）を求めて特定の子を「いじられ役」としてキャラ化するようないじめは、**「仲の良い」「連帯がある」と映るようなクラスや部活集団であるほど、過激となりやすい**ようです。実際、「集団で盛り上がる」とは「集団が一体となる」であり、クラス対抗行事などで教員集団がつい期待しがちなプラスの効果と似たメリットがあるのです。

「本人の嫌がる呼び方をあえて繰り返す」から、行き過ぎた場合だと、「皆の前で恥をかかせ、からかい続ける」ような行為に展開することもあります。**「この子はこの集団内の『いじられ役』であり、それがこの子の役割（存在意義）である」という論理が、中心になって加害に関わる、あるいは聴衆となる子たちの罪の意識を麻痺させます**。

聴衆の子や傍観している子を興奮させるようないじり方において成功を収めた子は、集団内で地位を高めます。いわゆる、「スクールカースト」の上位の座を獲得することができます。これは子供にとって大きな勲章です。それに憧れのようなものを感じている子も少なくありません。

「集団の興奮、盛り上がり」の状態から覚めると、「どうしてあの時はあんなひどいことをしてしまったのか（止めることができなかったのか）」といった反省が語られます。

子供に限らず、これらは人という生き物においてありがちな集団心理であること、善良な子供、いわゆる「とても良い子」が、普段の様子からは考えられないような冷酷なことに加担してしまうことを伝えます。国内や海外の歴史をひもとけばいくらでも該当する事実があります。中学校などでは、社会科の歴史、あるいは心についての授業等で、それらを学んでもらうのも、未然防止につながります。

第２部　未然防止編

03 どうしていじめは繰り返されやすいのか〈その２〉

☑「いじめ」という言葉をつかわずに対応するって可能ですか？
☑まとまりのあるクラスほどいじめが多いってありますか？

制裁型のいじめの大半では、「かつて自分たちを支配し搾取してきた元リーダー格を皆でおとしめた結果」というような「リベンジ」（仕返し）のストーリーが含まれます。子供たちの間に入っていろいろな関係をよく知っている教師であればあるほど、つい加害者側に共感し、介入や指導のタイミングを逸してしまう場合も少なくないようです。

制裁や「恨みの解消」が動機となっていると言っても、**それはしばしば、「うちらルール」に基づくもので、その判断による攻撃は、いわばリンチ（私的制裁）に相当します**。現代社会において、私刑、身内の判断だけで罰を下す行為は決して許されないことを理解してもらいます。

身内の決め事を破る、あるいは自分だけルールを破るという、不公平感に根ざした怒りは、むしろ子供の世界であるからこそ、強烈なエネルギーを秘めます。

制裁型において、加害者側の言い分を受け止めるというのも、普段から関わりをもつ教師にとって大切な役割となります。叱責に終始するのではなく「**このようなやり方以外の解決策はなかったのだろうか**」と、時間をかけて、話し合っておくことが指導の中心とされるべきです。

次節でも解説しますが、「それはいじめですよ」「いじめであるのだから良くないですよ」といった断定と断罪ばかりの指導になると、教師との間の信頼が回復困難なまでに崩壊し、その後の指導が困難となります。これは保身の心理による同調的な関与への指導でも同じですが、（加害をしない）「勇気をもてなかったこと」への共感と同時に、「それでも何かできることはなかったか」「次に同じような状況があればどうできるか」を考える時間を確保します。

いじめという言葉ほど、学校現場で用いて不都合が多い言葉はありません。**「『いじめ』との表現を『意図的に避けている』と悟られない程度に、**

しかしあえて巧妙にこの表現を避けていく」指導の工夫も有効です。

言葉としての「いじめ」を避けるべき第一の理由は、「いじめ」という言葉は、今の日本においていたずらに当事者ばかりでなく周囲、学校で言えば関わった子供だけでなくその保護者も巻き込んで強い緊張をもたらすからです。時にそれはむしろ、「炎上」という表現がふさわしい状況に展開します。

第二の理由として、「大人が社会で行ったら犯罪（触法行為）として扱われることを、それが子供によるものだから『いじめ』と表現するのはむしろ指導として、何より学校における正義の実行として不十分となりやすい」ということをあげることができます。

学校の中だ、とか、子供がやったことだから、という「枠」を外して**「大人が社会で同じことをしたらどうか」の視点で振り返るのも良い方法**です。その点では「興奮型」の場合も同じで、「悪ふざけ」では済まない人権を無視した強要があれば、動機などを問うまでもなく毅然とした指導が求められます。

興奮型のいじめにおいては、「若手芸人がひどい目に遭う展開を演出して笑いをとる」「指示する側に人気が集まる」という、我が国によくある娯楽文化も影響しています。子供たちがそれを無意識に模倣してしまっていると判断される事例は少なくありません。それは「暴力シーンがある映画やドラマから攻撃性を模倣する」のと同じです。それらの視聴がいじめの直接の原因とは言えないまでも、模倣の効果は否定できないように思われます。暴力における観察の促進効果は、心理学において古くから証明されていることです。

興奮型の場合、教師は冷静になり、「盛り上がっているところを、一気にしらけさせる」ような役割を積極的にとらなければなりません。この場合だと、「そこまでノリが良くないクラス担任」であることが役に立ちます。

制裁型が発端だった場合でも、集団内に生まれた興奮が「麻薬」となります。制裁がなされるべきと認識された標的を心理的に凹ませ、すでに凹んでいるのを確認してもなお、凹ませる行為を継続できるという残酷さは、興奮が興奮を呼びエスカレートするというメカニズムで説明されます。

第2部　未然防止編

04 主体的に「我が事として考えてもらう」いじめ指導

- 「いじめ」について考える学びのヒントを教えてください。
- 「いじめはやめよう」のスローガンでは不十分ですか？

「いじめはやめましょう」とか、「その行為や言葉は『いじめ』にあたります」などと、あらゆる行為がいじめになり得ることを徹底して教え込む指導がしばしば提案されています。

これらは確かに、いじめ指導の一つの基本であり、指導にあたる教師と子供集団の間に一定の良好な関係があり、他の指導が順調にすすんでいるうちは効率的かもしれません。しかし、それが今日求められている「主体的に考える学び」になっているのかどうかは疑問です。

図は、水泳の授業で指導者がクロールの泳ぎ方を教えている場面です。まだ水に顔をつけることにも馴れておらず、泳ぎが苦手、誰がどうみても「犬かき」泳ぎにしかなっていない子がいるとします。その子に向かって指導者は、「プール中で犬かきは禁止です、犬かきはやめましょう」と指示しています。これが、妥当でかつ、洗練された指導法であると考える人

図▶水泳の授業の一場面

はいないと思います。

泳ぎが苦手な児童としては、プールの外で教わって練習した腕と足、息継ぎの方法を水の中でも行おうとしているつもりだが、馴れない水の中で思うようにできない。怖いプールの中では気持ちに余裕はもてない。それでも本人としては必死で、「クロール」のイメージで手足を動かしている。それを見た教師が、「はいはい、そこ、犬かきは禁止ですよ、犬かきはやめてください」と指導するのは、まったくのナンセンスです。

説明するまでもなく、「犬かき」泳ぎは大人から見た「いじめ（加害行為の繰り返し）」です。しかし**子供にとっては「クロール」、つまり、それまで身に付けた妥当な関係トラブルの解消策のつもりです**。

もちろん、この例で「恐喝型のいじめ」を考えるのはふさわしくありません。しかしそれ以外、「興奮型」「制裁型」「保身型」のいじめについてはどうでしょう。「盛り上げようとする（人気者になろうとする）」あるいは、「やり返したい（反省してもらいたい）」「自分を守りたい」というつもりの行為について、「いじめだ」と教師（大人）側がラベル貼りをして、「だからやめよう」というのは、「心育て」として、子供たちに寄り添ったやり方とは言えないように思います。

学校教育において「知識の継承」でなく「我が事として考える」ことが求められる時代において、いじめに関してのみ、「大人が押し付ける価値観の丸飲みを求める」指導はどうでしょうか。いじめは命に関わる重いテーマですが、重く大切なテーマこそ、「考える」が大切です。

誰かをいじられキャラとして屈服させ、その子をいじって、クラスの人気者になるのは、「クラスの中で高い評価を得たい」というねらいのもと行う行為として適切ではありません。「あなたはあなたが発揮できる他の良さを伸ばして評価される在り方を、正しい努力で獲得すべきです。それについて一緒に考えていくことができます」などはどうでしょう。あるいは「みんなから高く評価されないとやっていけない」という思い込みについて、「本当にそうだろうか」とじっくり考えていくこともできます、などといった提案もできます。

「主体的に考える」ことが、すべての教科学習においても、大切にされてきています。「いじめ指導」だけ別扱いで良いものでしょうか。

第2部　未然防止編

05 「思いやり」を身に付ける教育に向けて

?

☑ **いじめはすべて違法で犯罪だと言えるのでしょうか？**

☑ **いじめの指導となると教室の雰囲気が悪くなるのですが、どうしたら良いでしょうか？**

「いじめ」という一つの大きな箱の中に、本来であれば分別されるべきあらゆるものが投げ込まれてしまっているように思えます。

その結果、一つの言葉として用いていくために、不便極まりないものになりました。例えば、大人社会では犯罪どころか、悪ともみなされることはない行為が、学校に通う年代の子供たちにとっては「いじめ」とみなされ、時に厳しく大人からの指導を受け傷付き、不信に陥り、ケアされることもなく放置されることすら起こっています。

例えば、「ある人から距離をとる」行為はどうでしょう。大人社会ではあたりまえのことで、犯罪や道徳的な罪とみなされることはありません。同じ集団に属する上での最低限の関わりだけを残してあとは一切「誘わない」「話かけることをしない」は、認められる行動選択です。

教室では、距離をおきたい子と机を微妙に離していたら教師から注意される、という状況があります。離された方が不愉快に感じているかどうかの確認もないうちに「いじめ加害」として指導されることもあります。

これは本来「いじめ」（すべきでないことをしてしまう）という枠で捉えることは妥当ではなく、いわば、マナーや「思いやり」（配慮を心がける）の問題です。もちろん、同じ行為でも、複数で示し合わせて計画的かつされている子が落ち込んでいるのを確認しながら執拗に、ということであれば「度が過ぎる」にあたります。

その場合でも最初から「叱責」に近い注意や指導ではなく、かといって「放置」でもない、積極的に「話題にしていく」関わりが大切となります。

「いじめ」という表現に様々な関わりのパターンを詰め込み、「それもいじめですからやめましょう」と指導していく在り方。これを、**解釈あてはめ型のいじめ指導**と呼ぶことにします。

筆者が本章で提案しているのは、**機能見極め型のいじめ指導**です。いじめとみなされかねない、気になるやりとりであるが、**実際はどういう機能（影響性）があったのか、それがどう展開したのか、双方の意識的および無意識的ねらいはどうだったのか、そして何より、他にやり方がなかったのか、を具体的に考えていく指導**です。

　ある小学校の、５年生のクラスでのエピソードです。

　今日は、バスでの社会見学学習の日。バスで市内を移動しながら学びます。
　30分程度の移動を数回繰り返すだけなので、バスの乗車座席表などの用意はありません。班ごとにまとまって座ってくれれば、あとは自由でした。
　普段から遅刻が多いＡは今日も出発時刻ぎりぎりで登校。急いで一番最後にバスに乗り込みました。クラスで最も大人しいＢの隣の座席だけが一つ空いてました。ところがＡは、そのＢの隣ではなく、仲良しのＣの隣にわざわざ補助椅子を出して座りました。それを指摘する子もいましたがＡはお構いなし。クラス担任のＸは学年主任や運転手さんとの打ち合わせで忙しく、それには気付きませんでした。そのまま出発し、予定どおり様々な場所を回って学校に戻り、その日は下校となりました。しかしその翌日、バスの中でずっと隣の座席が空いたままだったＢは、「お腹が痛い」との理由で欠席しました。そのまま翌週も、欠席が続きました。

　同じことが、ある学校の教職員の送別会会場に向かう送迎バスであったらどうでしょう。仕事ぶりは真面目だけど無口で無愛想なＹ教員の隣には、誰も座らない。仮にそれがＹ教員にとって大いに不快で苦痛で、翌月からのＹ教員のメンタル不調による休職のきっかけと、受診先で語られたとしたら「重大」になるでしょうか。

　教師から声があがることはほとんどありませんが、いじめ関連の対応は不登校対応以上に、教師の多忙さの大きな要因となっている現実があります。学校という、防犯カメラの設置さえすすまない現場には、学校職員とは完全に独立して、いじめだけでない様々なハラスメント事案にまで対応する「人権監視担当」を設置することを提案します。

第２部　未然防止編

01 生活リズムが整うことのメリットを学んでもらう

☑「発達支持的生徒指導」における生活リズムを整えることの意義は？
☑若者らしさと生活を整えることの折り合いをどうつけるべきでしょう？

トップレベルのスポーツ選手にはよく、競技における「決まった動作」があります。何事も、ここぞという時に自身のベスト近くを発揮するには、決まったパターン、流れ、リズムの中に身をおくことが望ましいようです。「こころ」を「こころ」で整えるというのは、実は最も難しいことなのです。「生活習慣」「決まった動作の繰り返し」から関わることで、結果的に「こころ」を整えるのがむしろ近道です。

生活習慣の中でも睡眠は最も基本です。**眠りというのは誰もが毎日毎晩繰り返すことですが、意志の力で制御するのには限度があります**。習慣として安定させていく必要があります。

学校に通う子供たちにとって、最も大切な、自分を発揮する機会に試験や受験があります。あらゆる試験には制限時間があります。その日のために身に付けたことは脳の中に情報として蓄えられて、本番においてスムースに（反射的に）脳や神経から取り出される必要があります。

タイムレースでもある試験において、目の前の設問に回答するために必要な情報を頭の中から引き出すのに１秒もかからない受験生と、数十秒から数分も時間がかかる（時間がかかると情報はますます不正確になる）受験生では、結果に大きな違いが生じます。

高校や大学などの受験に限らず、あらゆるパフォーマンスは、脳における既習内容の整理、その取り出しやすさ、反射的・自動的なアクセスに依存します。「じっくりと自分のペースで時間をかけて作品を完成させることが許される領域」もあるでしょう。しかし、スポーツを含む大半のことは、あるイメージが浮かんだらそれを動作として瞬間的に表出できることで、すぐれたアウトプット、つまり成績をもたらします。よく、集中力が大切と言われますが、反射的なひらめきが高い集中力を支えます。

脳の速やかな情報のアクセス、それを効率化するための普段からの記憶情報の整備は、同じことの繰り返し、パターン化された学びや鍛錬、そして、それらの情報のメンテナンスを担う十分な睡眠で達成され、維持されます。

眠らない生き物はいるのでしょうか。キリンのように背が高い、あるいはイルカなど海の中で一生を過ごす哺乳類でも、皆、それぞれ独自の工夫で睡眠をとっているそうです。哺乳類どころか、いわゆる脳、中枢神経すらもたないような、原始的な生き物、例えば線虫（ぎょう虫）やくらげなどの生物でも、睡眠と覚醒の繰り返しが観察されるそうです。

生徒指導提要の改訂版（文部科学省、2022）にある、**発達支持的生徒指導には、生活リズムを整えることの価値を実感してもらう内容を含めることは不可欠**と思われます。

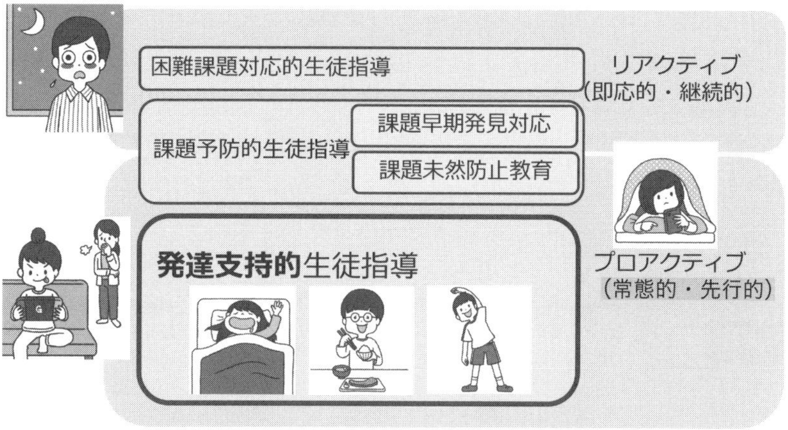

図▶生徒指導提要（令和４年改訂版）における発達支持的生徒指導から捉えた睡眠と睡眠に関わる生活習慣についての指導の重要性

（生徒指導提要（令和４年改訂版）をもとに作成）

第2部　未然防止編

02 10代の子はどうして どんどん夜型になるのか

☑ 10代の子が夜型になるのはネットやゲームが原因でしょうか？
☑ 眠るべき時刻になると目が冴えるという子になにか助言はできますか？

10代の子があっという間に夜型人間になってしまうのは、ヒトの成長として、あたりまえの現象のようです。

図1は、男女の年齢と、心理学的に計測された「夜型の程度」の得点のプロットです（Foster & Roenneberg、2008）。結果は一目瞭然で、夜型化のピークは男女共に20歳を少し過ぎたところ、ちょうど大学学部生の頃にあること、**10代は一気に朝型から夜型に変化する時期であること**、20代の後半からは加齢とともに朝型に回帰していくことがわかります。

「睡眠禁止ゾーン」という学術用語があります（Lavie 、1986）。著者は「**寝ようにも眠れない時間帯**」と訳し紹介しています。24時間の中で最も眠気がなくなり、前向きで意欲的になりしばしば多弁にもなる時間帯のことです。成人でも同じですが、若いほど極端です。

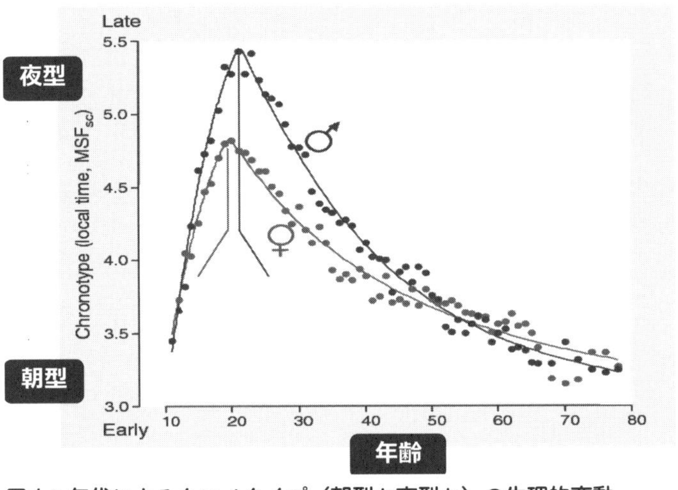

図1 ▶ 年代によるクロノタイプ（朝型か夜型か）の生理的変動

（Foster&Roenneberg（2008）をもとに作成）

不登校の保護者の方からよく、次のような相談をいただきます。

> （不登校の子は）夜になると、親のところに寄ってきて話をしたがります。昼間とは別人のように機嫌が良くなり、「明日は登校するつもり」などと言う時もあります。その言葉を信じ、翌朝起こそうとするのですが、起きてくれません。この子は異常でしょうか。

思春期にもなると、24時間の中で最も元気で前向き、多弁になり、いろいろなアイデアがわいてくるのは、寝る４～１時間前くらいの時間帯なのです。**この「寝ようにも眠れない時間帯」の後半、小学生では21時過ぎ、中学２年生くらいからは22時過ぎくらいから、「徐々に眠くなる」「眠気がさしやすくなる」ような沈静に適した過ごし方と部屋の環境調整が必要**となります。

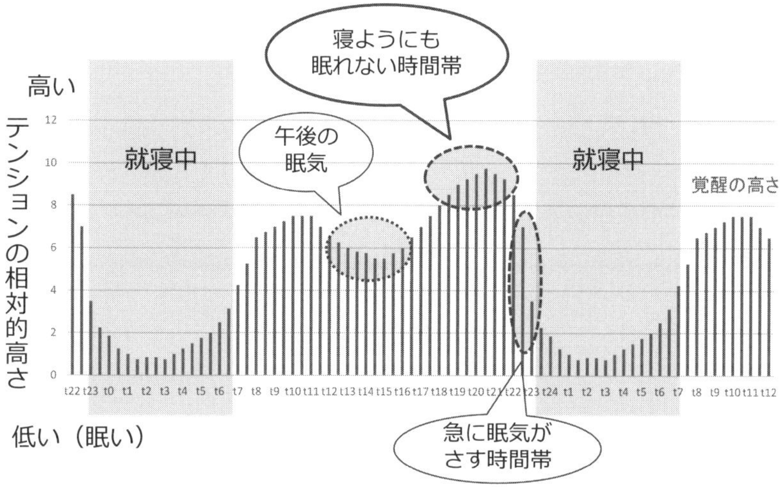

図２▶24時間の睡眠と覚醒リズムにおける睡眠禁止ゾーン（「寝ようにも眠れない時間帯」）

参考文献

・Foster,R.G., Roenneberg,T. Human Responses to the Geophysical Daily, Annual and Lunar Cycles,18,17,9,R784-R794,2008
・Lavie P. Ultrashort sleep-waking schedule. III.‘Gates’and‘forbidden zones’for sleep. Electroencephalogr. Clin Neurophysiol. 1986; 63：414-425

第２部　未然防止編

03 眠るべき時刻に眠くなるための工夫

☑ 眠ってくれなくて困るという保護者への助言はどうあるべきでしょうか？
☑ ネットやゲームを使用禁止にしても眠くならないと言われます。どうしたらいいですか？

心を整えるとは、「意のままにならない自分の気持ち」をある程度まで「意のままにできるようしていく」ことです。

不安や緊張、怒りといった感情も、直接操作することはできません。直接操作できないなら、それらの感情につながる様々な行為をパターン化しておく、つまり、習慣にしてしまうことで整えやすくなります。今日、カウンセリング技法として最も効果について評価が高い、認知行動療法の基本的な発想は、「意のままにならない感情や思考をある程度まで意のままにおく」ための工夫です（神村、2014など）。以下では、「意のままにならない」の代表である、眠りをうまくとれるようになるための工夫、今日からできるアイデアを紹介します。

表には、眠るべき時刻に眠気がさし、できるだけ量（時間）や質の良い睡眠が安定してとれるような生活における工夫をあげました。これら一つ一つでは、「眠りに落ちる」ための強い効果は期待できないかもしれません。しかし、まだ実践できていないが、ちょっとした心がけでできそうなものをルーティンに含めることで、「熟睡するのに苦労しなくなった」を達成できるようになるはずです。

1	週末も含め連日ほぼ同じ時刻に起床する
2	朝から午前の時間帯に日を浴び軽く運動する
3	二度寝や昼寝は控える（30分を超えない）
4	夕食は寝る２時間前までに済ませる
5	夜に過ごす部屋の照明は暗めにする
6	入浴は寝る１時間前までとし体を冷ましてから寝る
7	寝る時刻の１時間前には興奮する活動をやめる
8	寝床は寝るためだけのスペースにしておく
9	寝室は静かで暗く涼しく整えそれに馴れる
10	寝床にはスマホでなく読み慣れた印刷物を置く
11	睡眠改善に向け記録をつけ成果を振り返る

表▶眠るべき時刻に眠くなる習慣づくりのポイント

これらのうちできるだけ多くを、幼少期から家族の協力で生活に取り入れやすい環境、家族ルールを整えておくことで、家族の睡眠の質と必要時間が確保されるものと期待されます。表にあげた項目の多くは、いわゆる**概日リズムの乱れを防ぐためのもの**です。

平日の塾やその他の習い事はどうしても夜の時間になります。そのせいで夕食が遅くなり、空腹にまかせてたっぷり（しばしば若者が好む消化に負担のあるものを）食べることで、胃での消化が深夜に及びます。そのせいで朝になると胃腸の調子が良くなく、医療機関で診てもらえば、「ストレスが原因」「起立性調節困難」などと診断されます。

ネットやゲームに浸ってしまった結果、就寝が遅くなっている子や保護者が増えています。それで生活リズムを崩してしまっている10代の人に就寝までの経過を詳細にうかがってみると、**寝ようと思って寝床に入って目を閉じても、かえって目が冴えてしまい、眠気が生じるのを待つまでが苦痛なので、ついまた端末に手を伸ばしてしまう**、という状況があります。

「リベンジ夜更かし」という言葉があるそうです。朝から夜まで「自身の楽しみ」のために時間をとれていない。このまま寝て明日の朝を迎えるのはなんだか悔しい。そこで、睡眠時刻を削って楽しむことで（たいていはＳＮＳかゲーム、動画）ようやく満足できるとか。

令和の時代の10代〜20代の間には、「寝落ち症候群」が広がっています。眠りに抗うかのようにしておいて、やっと眠りに落ちることができる。それが毎晩のことになる、というわけです。仲間との「深夜のつながり」は、しばしば夜更かしに拍車をかけています。スマホや学校から与えられた端末でなくとも、中古でこっそり購入した端末があればWi-Fiに接続することもできます。時代の先端をいく10代の子供なりの工夫に関する情報を、保護者に提供し相談に応じていくことも必要です。

参考文献

・神村栄一著『学校でフル活用する認知行動療法』遠見書房、2014年

04 発達障害を疑う前に

☑ 教室で落ち着きがなく、正直、授業中は眠っていてくれた方が助かる子もいます。
☑ 発達障害には睡眠不足も影響しますか？

以下のような特徴があり、学校での様子、仲間関係、あるいは登校、成績の低下などでも気になるところが目立つ子は、少なくないと思われます。

- 集中が持続しない、最後までやり遂げることができず別のことを始める
- 話を聞く／文章を読むなどが苦手ですぐに無関係の動作や発言をする
- 待つことが苦手で、思うようにならないとかんしゃくを起こす
- 物の扱いが雑で整理整頓ができない、ミスやなくし物が多い

これらは、ＡＤＨＤという発達障害のある、あるいはその可能性が高い（グレーゾーン）とみなされる子に多い特徴です。しかし同時に、普段から十分な睡眠がとれていない子によく認められる特徴でもあります。

発達上の特性と生活習慣の問題は、どちらが原因でどちらが結果かを見極めることはそう簡単ではありません。ＡＤＨＤの特性があれば成長とともに生活が乱れがちになります。発達特性は遺伝的な影響を受けますから、しばしば、特性ある子の保護者もメディアなどに夢中になって夜更かしするなど生活が乱れやすく、子供がそこに巻き込まれてしまいがちです。

もともとの特性が強いわけでもなく、ただ睡眠不足で登校する日々が続く、あるいは週末の時差ぼけ（次節で**「社会的時差ぼけ」**として解説）、スポーツクラブ等で疲労が蓄積しているなどの結果、月曜日の朝に起床できず、登校しても調子が出ないという事例への対応は、中高ではもちろん小学校でも大きな課題です。その結果、学校で「発達障害が疑われる」と強く受診をすすめられ診断がつく事例が急増していると思われます（成田、2023）。

文部科学省の調査（2022）では、「知的な発達に遅れはないものの学習面や行動面で著しい困難を示す、発達障害の可能性がある」とみなされる子が、たった10年で6.5％から8.8％へ増加したとあります。

大人の発達障害についても同じです。皆で出かけ、何かを運ぶとかグル

ープで声をかけあってイベントの準備をするといった、粗大運動を伴う作業であれば、睡眠不足でもなんとかこなすことができます。ところが、パソコンでデータを入力する、入力ミスがないかチェックする、資料をまとめながら文章にする、クライエントの話を聞き続けるといった作業をしなければならないとなると困難になります。睡魔を追い払うためには、あれこれ余計な動作をしがちです。必要もないのに周囲の人に声をかけてちょっかいを出し、トラブルにもなります。集中しようとしても、誰かの些細な言動の不快さが頭から抜けず、ますます集中しにくくなる。忙しいはずなのに、後回しにしても良いメールに反応し、効率が悪くなる。貧乏揺すりや、身体を掻いたりする癖も抑えにくくなり、掻けば掻くほど痒くなる。何かを口にほおばりたくなる。特に甘いものを好むようになる。何事の欲求も抑えにくくなります。

この子はＡＤＨＤではないだろうか、と感じたら、**発達障害を疑う前に、まず睡眠がどれだけとれているかどうかを探っていただく**と良いでしょう。睡眠がきちんととれるような状況にあるかどうか、もしそれが難しいのであればなにか手立てはないか、本人や保護者とやりとりをしてみます。

児童生徒に医療機関で「障害」の診断を受けてもらうまでを促すことそのものを成果とするかのような学校の対応が増えているように感じます。もちろん、そこでの手続きが妥当である限り、望ましい支援と言えます。ただ、学校教育の場での実質的な支援で、早期回復のきっかけを効果的に提供できる可能性を考慮するのが本来です。

わずかでも改善が認められれば、それを本人や保護者にフィードバックし、それによって、発達の段階にみあった生活に整えることの価値を、理解してもらえると良いでしょう。しばしば、ゲームやネットへの依存、あるいは保護者のライフスタイルとの関連がポイントになるでしょう。それらを悪玉にして強く改善をせまるのではなく、どのように整え、制限を設けていくことができるか、継続して話題にしていくことが大切です。

参考文献

・成田奈緒子著『「発達障害」と間違われる子どもたち』青春出版社、2023年
・文部科学省（2022）「通常の学級に在籍する特別な教育的支援を必要とする児童生徒に関する調査結果」

第２部　未然防止編

05 学校での睡眠調査の工夫と週末の時差ぼけへの警戒

☑ 簡便でかつより有効な睡眠の調査方法はありますか？
☑ 平日どうしても寝不足になる子に週末の寝だめは有効ですか？

児童生徒の生活習慣について、定期的に調査しておくことは、学校不適応のリスクを捉え、それを整える意識をもってもらうためにも重要です。

睡眠については「普段あなたは何時に寝ますか」といった質問で確認する場合も多いのですが、これだと、回答するたいていの子供は平日、つまり、当日も翌日も学校がある日の就寝を想定して回答してくれるようです。

平日の情報も重要ですが、**金曜日の夜、土曜日の夜、日曜日の夜の就寝時刻、そして土曜日の朝と日曜日の朝の起床時刻を把握できると、不登校へのリスクを予測することにつながります**。

「健康（生活）振り返り習慣」などとして、上記のように、月曜日の朝には前日、前々日の土日の起床や就寝、午前中の活動などを確認し、週の後半の木曜日や金曜日には、平日の過ごし方を確認する学校も増えています。それらをあわせて、改善のポイントを振り返ってもらうことで、より成果が高まると期待されます。

「**社会的時差ぼけ**」（Wittmann他、2006）という、睡眠衛生上重視されている観点があります。一般には学校や仕事がある平日と休日の、起床と就寝の時刻の中央の時刻の変動が指標となります。

図のように、平日は、６時に起床し23時に就寝している中学生の子がいるとします。平日の睡眠時間は７時間で、睡眠時間の中央時刻は２時30分です。この生徒は金曜日の夜の就寝が24時になり、土曜日の起床が９時だとすると、睡眠時間は平日よりも２時間増えることになりますが、睡眠時間の中央時刻は４時30分となりますので、平日の中央時刻から２時間後退していることになります。

さらに土曜日の夜の就寝が25時で、日曜日の午前の起床が11時になるとすると、睡眠時間は10時間ということになります。しっかりと睡眠負債を解消できているようですが、中央時刻は６時になり、平日の睡眠の中

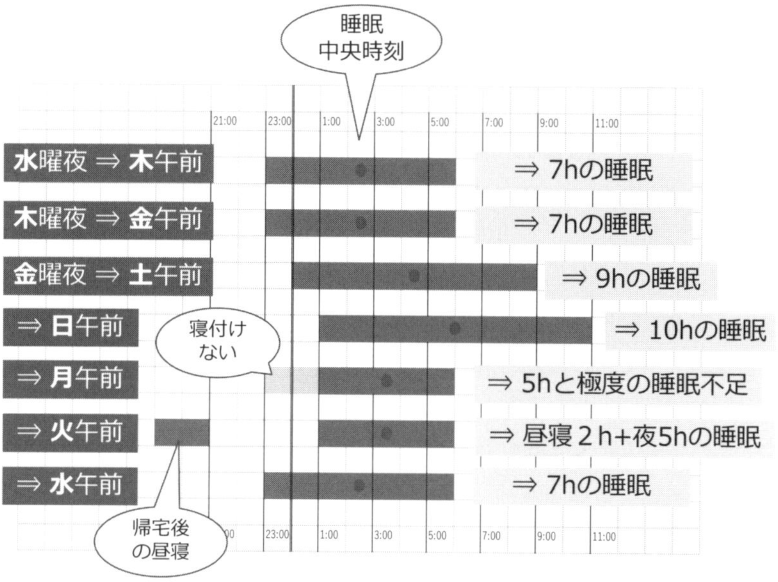

図▶週末の時差ボケ（「社会的時差ボケ」）について中・高生によくあるパターン

央値とのずれが３時間30分となります。

日曜日の朝に十分な睡眠時間をとって11時に起きた中学生が、日曜日の夜に23時に眠りにつくのはかなり難しくなります。本章２節で紹介した「寝ようにも眠れない時間帯」が、さらに後退し、24時を過ぎてしまいます。それでも月曜日の朝は６時に起床しないと遅刻してしまいますから、５時間ほどの睡眠時間で登校することになります。かなり深刻な睡眠不足で１週間のスタートを切ることになります。

「平日は寝不足だから休みの日くらい寝坊させてあげる」という親心が、リスクを高めます。改善のためには、「眠くもないのに早く寝る」は極めて難しいため、どこかで、「休日なのに早起きして寝不足に耐えたまま夜を迎えて適切な時刻に就寝（爆睡）する」工夫で調整できます。**寝だめの習慣はとても効率が悪い**との知見を伝えていきたいものです。

参考文献

・Wittmann M, Dinich J, Merrow M, Roenneberg T. Social jetlag: misalignment of biological and social time. Chronobiol Int.,23:497-509. 2006

第２部　未然防止編

06 ゲームや動画、ＳＮＳにはまっている子への関わり方を伝える

- ゲームやネットにはまっている子への対応方法はどう伝えますか？
- 家庭内で暴力に発展しかねない場合の助言はどうしますか？

保護者から、家庭での子供のネット依存への対応について相談があったら、どのようにすすめるべきでしょうか。

まずは来談いただいたことへの感謝を伝え、家庭での状況をうかがいます。学校で教師が捉えた子供の様子についても、親子の関係に配慮しつつできるだけありのままを伝えます。学校側からの連携を求める態度を受け、保護者も家庭での様子を語りやすくなります。保護者に知られることを児童生徒が嫌がりそうな内容であれば、念のため慎重に扱います。

ネットに浸ること自体は、家庭での自由な時間の使い方の一つであり、それを保障する基本姿勢を示すのも大切です。休みの日に長時間スマホを見ているのも、ＴＶドラマを観ているのも何ら違いはありません。保護者の狭い価値観に共感を示し過ぎると、その後の支援において足並みをそろえることが難しくなります。

ネットへの依存が重症かどうかの判断には、基本的な生活に関わる睡眠、食事、入浴、必要な外出などのために、いったん端末を置く、区切りをつけることができるかどうかが重要となります。

どの家庭にも様々な事情があるものです。面接では、**保護者が、すでにどんな工夫をしているか、してきたかを語っていただくことを大切に**します。一般的な基準からそれなりにかけ離れているように見えても、そこに基準があり、過度な押しつけや理不尽さなどがなければ、その在り方に共感しリスペクトし、そこからどのように調整できるかを話題にします。

家族ルールをどのような考えからつくられたのか（あえてつくらないのであればどのような考えがあるのか）、それを守ってもらうためにどんな工夫をしてきたか、あるいは、しようと考えているかなどを教えてもらうのも良いでしょう。

保護者から家庭の在り方とその背景をうかがうことなしに、「こうすべ

き」「これが望ましい」「こうしないとダメになる」といった一般的な基準を示す、というのはおすすめできません。仮に「助言が欲しい」と来談された保護者であっても、これまでの家族の考えや、それが今回どのような点でうまくいかなくなってきたのかを先にうかがいます。そして、そこにある前向きさ、子供を心配している気持ち、その背後にある愛情を確認できて良かった、という気持ちが伝わるようにうかがえると良いでしょう。

中には「一切使わせたくない」と、特にゲーム、動画、ＳＮＳなどを蛇《だ》蝎《かつ》のように毛嫌いしている保護者もいます。子供との間に決定的な溝ができ、すでにかなり険悪になっている場合もあります。

どう見ても保護者に過度な思い込みがあって子供が窮屈になっていそうな場合は、やんわりと、在籍している子の平均的な家庭での対応の標準を紹介してみます。そしてそれから参考にしてもらえそうなところがないか、うかがってみます。学校でもタブレットなどを積極的に使っている現状をご理解いただくのも良いでしょう。

課金トラブルなど、子供のトラブルで大変だったという過去の経験があれば、保護者とはいえ、被害を受けた立場としてうかがうことになります。保護者に感じられる偏屈さの背後には、たいてい、それなりの歴史、過去の事情があるものです。そのすべてをうかがうことはできませんが、もし、その機会があればそれはとても貴重なやりとりとなります。

祖父母の世代などにも多いのですが、子供にねだられるままネットへ接続できる端末を貸与してしまっている事例もあります。成人用端末の過度な利用には様々な危険もあることをお伝えします。

親または子、どちら側でもネット依存に関わる言い争いから暴力トラブルへ展開することは避けたいところです。**万一、暴力トラブルに発展しおさまらない時は、警察の協力を得ることも一つの選択肢である**ことを確認する場合もあります。これを聞いて驚かれる保護者もいますが、「今の日本において暴力に対処できる専門家は警察だけである」と説明します。

PART

3

事例対応編

01 定期的な家庭訪問の継続

☑ 教師にとって大きな負担となる家庭訪問は令和型でも有効ですか？
☑ 家庭訪問が歓迎されない、成果があがらない場合はどうしますか？

不登校の子の自宅への家庭訪問には、いくつかのねらいがあります。

1	**関係**	（学校や教師との）つながりを確認し、関係を維持する
2	**共有**	（今後について）目標や方向性を確認し共有する
3	**収集**	（児童生徒本人の）健康や状況の確認、およびアセスメント
4	**提供**	（児童生徒と家族へ）学校状況の伝達、情報を提供する
5	**指導**	対面による助言や学習面や進路に関わる指導
6	**馴れ**	（対人接触機会の提供）家族以外との「人馴れ」として
7	**保護者との連絡**	（上記の１から４の補助として）

表▶不登校児童生徒への家庭訪問のねらい

１から６までが本人へ、７は保護者に向けてになります。学校が提供したタブレットで家庭にいる児童生徒とつながれる時代となり、４と５のねらいのために対面は必須ではなくなりました。３については、いわゆる生存と健康状況の確認になるので、対面の意義がありますが、定期訪問とする必要はありません。３については、カウンセラーやソーシャルワーカーなどが担当できるかもしれません。もちろん、すべてにおいて本人が受けてくれる限りではありますが。

１と２について、直接会えばいくらか成果の上乗せが期待できるかもしれませんが、対面が必須とは言えません。６は、長くひきこもりの状態にある子には有効ですが、学校の教師でないと果たせない役割ではありません。７については、保護者の来校を原則とできるでしょう。

令和の時代において、教師の負担軽減は最優先課題です。「学級に不登校の子がいれば『シューイチ』を目安に家庭訪問を継続する」を暗黙の教務室ルールにしていては、とうてい持続可能な支援とは言えません。

ただ、休みが多くなったところで一度（その後について継続とはせずに）、訪問してみると、得られるものは豊富にあります。長期化してもせいぜい数か月に一度、あるいは年度末に、あたりが教員の負担とのバランスで妥当かもしれません。家庭訪問が回復につながった事例の割合は少なくはないでしょうが、頻度が多いほど回復に近づくと言えるか不明ですし、すべてクラス担任である必要もありません。ひきこもりが長く続くことによる影響を緩和する、６の「人馴れ」のためにも、あるいは、５について、学力の維持に加え、学習に対する自信喪失を緩和するためにも、市町村教育委員会に所属の（家庭）訪問相談員の制度は有効です。「クラス担任でない」ことで、プレッシャーが小さくなるかもしれません。

家庭訪問に限らず、**特別な支援や関わりは、「それを１年つまり12か月、無理なく継続できる覚悟、体制」で開始することがめやす**です。連続して欠席となる子、状態は年度の後半に増えてくる傾向にありますから、令和の時代には、中学校や高校ではもちろん、小学校でも「毎週のように家庭訪問を継続する」のは例外となるでしょう。

「これからも毎週来るからね」と約束を交わしておきながら、様々な事情から「訪問できない週」が続くことは、児童生徒はもちろん、しばしばそれ以上に焦りを感じている保護者に「見捨てられ」の不安、時には怒りに近い感情さえ残します。期待されても定期的な訪問は無理であることを、学校長判断として早めにお伝えしておくのも良いでしょう。

繰り返し訪問することはないということになれば、一度の機会をより有意義にしたいものです。家庭への訪問の機会では、前述の３のねらいとして、普段から、自宅という空間において、いかなることに興味関心をもちながら、どのように時間を使えているのかについて手がかりをつかめると良いでしょう。それらは支援の方向性を判断するヒントになります。

例えば、学習や進学面の支援、助言等をどのように入れていけそうかについてです。「なんとなく」の支援計画でなく、本人の状況をよく考慮した支援が可能となります。

玄関からリビング、家族の共有スペースには本人が関心あるものが置かれていることも多いものです。**本人、あるいは家族全体の興味関心を知るためのヒント**が見つかります。ペットなどに気付けば、のちにそれを話題にできます。

02 保健室／校内適応指導教室の利用

- ☑ 保健室や校内の適応指導教室の利用を有効にするコツはありますか？
- ☑ 別室登校から教室へ戻るきっかけとして何がありますか？

相撲の土俵には、円の四方に約10cm分外側に配置された徳俵《とくだわら》というものがあります。力士が土俵際に押し込まれた場合でも、徳俵があれば、その分土俵内に足を残すことができるというわけです。**小学校でよくある保健室登校、中学校や高校でもよく用意されている校内の適応指導教室は、まさに学校の中に設けられた徳俵です。**

教室に入れない子が多くなり、保健室での受け入れが難しくなる小学校が増えています。養護教諭による、一般教員とは一味違う教育相談の貢献が貴重なのは令和においても同じです。しかし、保健室には本来の利用目的があり、管理を緩くできない事情があります。そこで、中学校では標準となりつつある、校内適応指導教室を確保する小学校が増えています。

教室で過ごすのが難しい児童生徒が早退を希望するのを引き止めるのは難しいことです。ただし、本人に何かの参加に心残りがあるようであれば、一つか二つ授業をスキップし、「よかったらそれまでここで過ごしてみませんか」と提案して反応をみてみます。そのためのスペースの確保は、これからの時代にマッチした対応となるでしょう。

楽に座れるソファあるいはカーペット敷きの空間があり、横になって本や（制限のかかった）タブレットを見たり、教職員（補助員、地域のボランティアの方）と談笑もできますし、仕切りと机がある場所で一人集中して学習や読書をしても良いことにしておきます。時間を経過させ少し楽になったら、いつでも教室に戻ることができます。放課後の学校活動等に参加してから帰宅することもできます。

保護者側の負担がネックになりやすい校外のフリースクールだけでなく、学校内に居場所ができれば、さらに便利な徳俵となります。学校の教職員との対話の機会もとれます。教師からすれば、**負担の大きい家庭訪問をこちらに切り替えて、子供の変化を捉え、支援のヒントを査定できます。**その後の授業や課外活動への参加によって、学校の魅力を再確認できれば、登校へのモチベーションの維持となるでしょう。

長く学校から離れてしまうと、再び学校や教室へ復帰するのは難しくなります。別室登校の継続によって、教室で共に学ぶことに向けた段階的な免疫の確保が進み、かつ、**登校に向けた概日リズム（第２部第６章参照）が維持される成果も期待**されます。

ただし、他の児童生徒に別室登校をしている姿を見られたくない、という子も多いので、本来の児童生徒用の玄関を利用せず、目につきにくい経路で入退出できるようにするなどの工夫は大切です。不登校状態の子から再登校に向けたチャレンジの希望があれば、再び土俵へ上がる「踏み俵」にもなります。その場合は、放課後登校の機会を設けるなどして、教室に入り利用する方法を確認してもらうことになります。教室のベランダから見られにくい角度、経路があるかどうかなどの確認は不登校が増えている時代の学校管理において大切です。初めて利用してもらう際には、下足の置き方、トイレの利用、現在どのような子が利用しているか、課題や学習指導が受けられるかどうか、当面どのような過ごし方ができそうか、いきなり他の子が入ってくるようなことがない工夫がとられているか、クラス担任とのやりとりの方法などを説明しておくと良いでしょう。他の生徒の存在に敏感な子のために、仕切りのあるスペースを設けることも推奨されます。

体育や音楽などの活動のため、空いている体育館や音楽室をこっそり利用する、あるいは理科室で実験を見せてもらうことなどは、適応教室でしか過ごせない子供にとって、刺激的で貴重でしょう。そんな体験が**「学校にある魅力」の再確認の機会**となります。

不登校、教室に入れない児童生徒についてはしばしば誤解されることですが、彼/彼女らは学ぶことが嫌いなわけではありません。むしろ、学ぶことが大好きです。ただ、学び方において偏食が多いだけです。育ち盛りですぐ空腹になるけれど「味付けに敏感で食わず嫌いも多い」という子に、食事そのものを与えなくて良い、とするかのような支援があれば残念なことです。

適応指導教室の利用人数が増えると、子供の間で親しくなったりトラブルが発生したりすることもあります。教室参加の気持ちは様々なので、本人および保護者も交えた、定期的な面接がもたれるべきです。

第３部　事例対応編

03 仲良し関係の協力に頼る

- ☑ クラスや部活で寄せ書きやビデオレターを作成し渡すのはどうですか？
- ☑ 校内の別室で教室に登校できている仲良しとの交流はどうですか？

クラスや部活の児童生徒の寄せ書き、ビデオレターのようなものが、再登校の決め手となった事例については、筆者にほとんど記憶も見聞もありません。プラスに寄与する方法とは言えないようです。

怪我や病気で長く入院、療養することになった児童生徒へのお見舞いであれば、受け取る側も渡す側も良い印象を残しやすいものです。しかし、不登校の子に対しても同じ効果を期待するのは難しそうです。

以下の条件がほぼクリアできるのであれば有効かもしれません。

・欠席の子とトラブルがあった子は“好意を送る”メンバーの中に含まれない
・欠席の子はもともと「好意を素直に（肯定的に）受け取れる」タイプである
・渡される“好意”について担任教師が事前にチェックを入れた上で許可する

子供たちからの自発的な申し出があれば、「その気持ちは教師としてとても嬉しい」との感想を伝えます。その上で、「休んでいる子の今の気持ちがはっきりしないので慎重にしたい」と理解を求めて止めておくのが良いでしょう。

校内の適応指導教室等に通えている場合、もともと仲良しだった児童生徒とのつながりを活かすのはどうでしょう。こちらについては、前述とは違い、**仲良しとのつながり、関わりを積極的に活かすのが良い**ようです。もちろん、教室に入れない子の意向の確認は必要です。初めのうちは「別室登校していることを知られたくない」という子もいますが、たいていすぐに知られることになります。その後、クラスの子たちから交流したいという希望が出てくることがよくあります。基本は「関係性と子供たちの気持ちを尊重する」であり、教師や保護者が教室復帰をあせってクラスの子に依頼するのは危険です。

別室で過ごしている子にとって、適応指導教室は逃げ場のない袋小路ですから、「合意」がとれたとしても、念のため教師が見守るべきです。教室から来てくれる子たちはしばしばハイテンションで、大声ではしゃぐこともあり、時には教室復帰を促してしまうことなどもあります。誘い方がいき過ぎているようであれば、教師から**やんわりと、「あなたたちの関わりは（教師としても）とても嬉しいが、○○さん（教室に入れない子の名前）のペースを尊重してあげてほしい」と伝えます**。

よく効果があったと報告される手段に、別室や保健室で、教室に入れない児童生徒と仲良しの数人の子との**「訪問給食」**があります。食事をとりながら会話を楽しむことには、魔法のような効果があります。食事の時の様子、食欲から心の状態がよく見えます。

別室登校をしている子については、学校行事への参加も教室復帰のきっかけになります。本人に参加の意志があれば、何ら妨げる必要はありません。当日だけでなく準備への参加があれば、復帰のチャンスはさらに広がります。周囲の予想に反して修学旅行に参加する子もいます。

学校行事について、丁寧な説明と慎重な意志確認の結果、他の児童生徒と同じ参加は無理でも、部分参加で良いのです。他の子に見られることをとても気にしていたのに、グラウンドでの運動会などの学校行事の当日に登校できた、という例は少なくありません。校内の別室登校を続けることの成果と言えます。そういう子に後から感想を聞くと意外にも、「単に見たかったから」との拍子抜けするような説明が得られます。「場を共有しておきたかった」という意味に近いようです。

学校行事の日、欠席も選べるのに、いつもと同じく登校する意志が確認できれば、「裏方の手伝い」、あるいは会場の体育館のギャラリー、教職員が並ぶ列の最後尾などから観覧することを提案しても良いでしょう。「当日の朝に『やっぱり休む』となってもまったくかまわない」と本人にはもちろん、保護者にも伝えておきます。

周りの大人が早々に「どうせダメだろう」と判断することなく、強引さはないが明るさのある声かけを試みます。その誘いの成果はともかく、声をかけた際の反応をうかがうことは、子供の心理状態をダイレクトに確認するとても良い方法です。日数や時間はわずかでも、別室登校があることの違いはこれほどに大きいのです。

04 放課後登校や保護者同伴登校

- ☑ 家庭訪問より負担も小さい放課後登校に切り替えたいのですが？
- ☑ 教室の中まで保護者が同伴しないと登校できない子への対応は？

小学校では大半の子が下校し、中学校や高校では部活動の時間などとなる夕方の時間帯を利用するのが放課後登校です。朝や午前中の活動、外出が苦手、という児童生徒への対応にも好都合です。教師にとって、**不登校の子を家庭訪問で支えることに比べれば負担は小さくかつ学校への接近へつなげやすい**というメリットがあります。

保護者と本人には、「よくある手段の一つ」であること、登校すれば（学校長判断によるが）「出席扱いとなる」ことなどをお伝えしておきます。

令和型の不登校支援の鉄則ですが、学校からは「強くすすめる」のではなく、あくまで「一つの選択肢である」というスタンスです。わずかでも関心ありの感触があれば、校舎内への入り方を話題にしてみます。

学校を長く休んでいる児童生徒にとって、放課後の登校を他の子に知られ反応されることは脅威ですので十分に配慮します。他の教職員が見かけて声かけするのは望ましいところですが、大声は控えます。

下校する子とすれ違う玄関から、というのは難しいので、「裏口」からを提案します。保護者が運転する自家用車での登校であれば、駐車スペースから裏口へ移動する経路にも配慮が必要です。時間は長くせず、特に初めは短めにしておきます。人の出入りのない静かな教室で落ち着いて15～20分ほど経過させると、不安や緊張が低下してくるのを本人が感じてくれるでしょう。**初めは不安な状況にあっても落ち着くことができたと実感できた経験は、今後の課題克服において自信につながります**（第３部８章第５節のエクスポージャー効果を参照のこと）。

次に、保護者同伴登校についてです。「保護者と子の過度な密着は母子分離の問題があるためではないか」などといった心理学的分析は控えます。それは意味のない循環論です。

保護者自身に深い洞察を求めていくかのような関わりは、新たな負担となり解決を遠ざけ、信頼の構築を難しくします。深層心理学的な分析というものは、互いにそのようなやりとりを行うとの覚悟と合意がなければマイナスに作用します。同伴という協力に感謝しつつ、協働する関係を維持していく方が得策です。

玄関までだけでなく、そのまま授業開始後も教室の前、さらにはその中まで同伴してもらう場合もあります。小学校の特に低学年ではよくある展開です。保護者が教室の後ろ、あるいは時にはすぐとなりに座ってもらうことで、やっと児童が安心してくれる、授業に参加してくれる、というのであればそれを出発点として、保護者の方には段階的に距離をとってもらうことをすすめます。これは**刺激フェイディング法**と呼ばれます（緘黙《かんもく》の困難を抱えている児童生徒への支援法としてよく知られています）。不安を抑制する刺激（同伴保護者）を徐々に遠ざけつつ、授業への参加を継続してもらいます。

「段階的計画的に離れていく、離れるのが難しい様子がうかがえれば、しばらく留まるが、すぐに前の状態までは戻さず時間を数分経過させてみる」ということを繰り返します。ささやき声が聞こえるほどの距離から、振り向けば見えるだけの距離へ、さらには姿が見える距離、廊下に出ているので全身は見えないけれどそこにいることはわかる距離、などというようにすすめます。

別の教職員に用件を伝える役割を担ってもらい（同伴の保護者には事前に説明し合意を得ておく）、「自動車の移動が必要になった」などと連絡を入れてもらうなど、「ひと芝居」打つ手段もあります。作為的にしばらく離れてみる、などで様子を確認します。急な用件ができたことにして保護者だけが学校を途中で抜け、数十分後に戻るなどし、１人で教室で過ごせるように支えていきます。

児童生徒と保護者がそろって不安を抱きやすいタイプのこともあるでしょう。しかし、それが原因であると枠付けしても、その先の手立ては浮かんできません。保護者の安心をコツコツと積み上げていく支援こそが、成果をもたらします。

05 ご褒美（トークン）の利用

- ☑ 保護者がご褒美をつかうと「報酬がないと動かない子」になりますか？
- ☑ 「頑張り表」を用意してシールを貼ってあげる方法はどうですか？

「えさで釣る」ような子育てをすると「ご褒美がないとやらない子供」になる、という話はどこかで耳にされたことがあるでしょう。

心理学の授業の定番ネタの一つです。最近では「そういうこともある」くらいの限定的な現象、逸話だとされています。一般法則としては**「行動変容は行動出現の直後の報酬（快の出現・不快の消失）によって形成されるもの」**が正解です（大河内ほか、2006）。

確かに、もともと興味関心をもてない内容に対し、ただ表面的な課題の実行でお金やモノなどがもらえる、賞賛されるという状況が続けば、課題そのものにはまったく動機付けが形成されないことはあるでしょう。しかしだからと言って、報酬がいつもマイナスに働くわけではありません。

もっとも、毎日の生活に関わるような選択を目先の報酬で釣り、操作することはできません。不登校についてはどうでしょう。ヒトを含むすべての生物は、プラスの報酬を手にするよりも、マイナスのリスクを回避し続ける方を優先させるようにできています。不安が強い場合、ご褒美作戦はより難しくなります。何より、登校を続けることに見合った報酬など、現実的ではありません。

例えば中高校生の不登校事例で、「フルで40万円以上もするゲーム用パソコンを買ってあげる」と言って、翌週から学校に登校させることができるかというと、まず不可能です。中には、まだ登校しないうちから購入してあげてしまった事例がいくつかありましたが、いずれもその後まったく登校しませんでした。

登校したら購入するとの約束を交わしたら、実際に登校が増えたので、約束通り購入した。しかし、生活リズムの乱れもあり、再び登校できなくなった。そこでパソコンを取り上げたら大暴れされたという事例もあります。

そもそも、不登校支援は登校だけが目的ではありません。元気になること、出かけたいところへ行き、やりたいことをできるようになることを目指します。そのための細かな生活変化の積み重ねのためには、ご褒美の利用はしばしば有効なようです。

ほぼ全欠席に近い状態で、ゲーム依存も心配される、ひきこもりの中学２年生がいました（細部は改変）。本人が「考えてみる」と言っていたフリースクールへの登校の準備もすすまない中で父親が、「明日、父さんの買い物を手伝ってくれないか。近くの評判のラーメン屋さんでランチしよう。お気に入りの店でお気に入りのTシャツがみつかれば、買ってあげても良いし」と提案してみたことが、久しぶりの外出につながったという事例があります。

この場合のラーメンやTシャツ購入が、本人にどれだけ報酬になったのかはわかりません。ただ、「何も買ってあげる予定はないが、外出が少なくなっているから出かけないか」と誘うよりはずっと出かけてくれる可能性は高まります。このような誘いであれば、本人の返事が「行かない」であったとしても、何らマイナスを残すことはありません。また、ラーメンを食べ、お気に入りのTシャツを購入したことにより、その後しばらく、外出する意欲が萎む、ということもありません。むしろ他の外出に向け、はずみがつくことでしょう。

好きなゲームソフトなどの購入、コンサートや有名なテーマパークに出かけることなどを大きな目標とし、その達成に向けポイント制の**頑張り表**を用意するのも有効です。登校でなくても、家の中のお手伝い、外出や外出につながること、学習・勉強を教わること、スマホ利用時間の約束を守って閉じる、などを実行する頻度を高めることができます**（トークンエコノミー法）**。

お風呂を掃除してくれたら１ポイント、近所までの買い物を手伝ってくれたら１ポイント、放課後登校したら２ポイント、１時間でも良いから校内の適応指導教室で過ごすことができたら４ポイント、といった、学校に関連しないこととすることを組み合わせたやり方も提案できます。第３部第８章で紹介する、行動活性化とつなげた実践へ展開できます。

参考文献

・大河内浩人ほか「報酬は内発的動機づけを低めるのか」大阪教育大学紀要第Ⅳ部門、54、2、p118 、2006

06 学外の適応指導教室とフリースクール

☑ 校外適応指導教室やフリースクールの活用はどうでしょう？
☑ 「もう一つの学校」における学習はどうあるべきですか？

不登校については、「『学校に登校する』という結果のみを目標にするのではなく（中略）社会的に自立することを目指す必要がある」とされています（文部科学省、2019)。この通達のずっと以前から、小中の不登校において重要な役割を果たしてきたのが、市町村教育委員会が設置する、校外の適応指導教室であり、民間のフリースクールです。

最近では、正規の学校として「卒業」資格（修了証明）も得られる、学びの多様化学校（不登校特例校）が注目されています。これは、「特定の学校において教育課程の基準によらずに特別の教育課程を編成して教育を実施」できる学校として、文部科学省の認可を受けた学校のことです。

2023年４月時点で、24の市や区の教育委員会または学校法人の管理となる学校が文部科学省の認可を受けています。中学生からの受け入れが多く、一部は分校（分教室）として運営されています。

これらの学校、教育サービスを受け、「居場所をもつ不登校」を経験した、大学生を含む若い方から話をうかがうと、（良い意味での）プライドのようなものが育まれ、積極的に生きるための土台となっているのを感じます。それらはおそらく、**「自ら学びの環境を選びとれた」「自分のキャリアを自分で積み上げた」ということから獲得できたもの**と思われます。

「もう一つの学校」のメリットとして大きいのは、生活のリズムが維持されやすいこと、外出することによる運動と移動、として対人接触を継続できることでしょう。対話と言えるほどのやりとりがなくても、一定時間、他人と空間を共有し自分の課題をこなせること、共同での作業も経験できることなどはとても価値のある体験です。

メンタル不調についてはかつて、子供でも大人でも「しっかり休むこと」のみが強調された時期がありました。最近ではこのメッセージがかえって「生活習慣、生活リズムの乱れ」と「活動や運動のいき過ぎた制限」

につながり、回復から遠のかせてしまう弊害が大きいとの認識が共有されるようになりました。単に、「休む」でなく、「『心地良さ』を得られる活動や運動を緩く計画しては頑張らずに実行し、『生活リズムの安定』と『質量ともに最適な睡眠』につなげる」ことを基盤とし、その上で相性の良い科学的に裏付けされた治療のいずれかを選択していくことが、最も確実な回復への道であるとみなされるようになりました。不登校の子にも、無理にならない負荷を生活に取り入れていくような支援が望まれます。

進化についての学問では、我々サピエンスの様々な行動特性がわかっています。この領域は、心の健康を維持するヒントの宝庫です。サピエンス以外の動物は、食料、縄張りや繁殖機会が確保されていれば無駄な移動、運動はしません。ところが、サピエンスは飛び抜けて「多動」で、効率の良い二足歩行でアフリカを脱出し、６万年ほどの間にすべての大陸に広がりました。子供を産むことがなくなっても長生きするシニア世代も含めた家族が複数で集団をつくり協力し、互いの心を読み合いコミュニケーション能力を発達させ、共通の「見えない力」の存在を信じ連帯を深めるようになりました。ネットのつながりばかりにならず、リアルな活動と移動を基本とする生活によって、心理的な安定が得られるようにヒトはできているようです。そのためにも、「もう一つの学校」、およびそこへのスムースな接続のための工夫は、期待の大きい教育の課題と言えます。

なお、校内外の適応指導教室、あるいはフリースクールで指導支援にあたってきた先生方、スタッフの方々から大いに共感いただける支援のコツがあります。それは、実はどの子も「勉強がわかることは嬉しい」ものだということ、特に算数と数学では、パズルのように、解けるようになると「もっと学びたい」気持ちを最も効果的に引き出しやすいということです。意外にも算数と数学は、もって生まれた資質にかかわらず、コツコツ取り組めば確実に「解けた」を体験してもらいやすい教科なのです。

参考文献

・文部科学省「学びの多様化学校（いわゆる不登校特例校）（不登校児童生徒を対象とする特別の教育課程を編成して教育を実施する学校）について」
https://www.mext.go.jp/a_menu/shotou/seitoshidou/1387008.htm
・文部科学省（2019）「不登校児童生徒への支援の在り方について（通知）」

第３部　事例対応編

01 支援のヒントを見付けるための“ゆるい”対話

- ☑「傾聴」に加えて不登校の子と対話する上でのコツはありますか？
- ☑本人がどうなりたいのかを上手く教えてもらうには？

不登校が長期化し、「もう一つの学校」への登校も安定しない児童生徒に、元気と前向きさを回復してもらうための対話を紹介します。家の外に向けた一歩を踏み出すきっかけとする対話です。登校どころか、外出そのものが減った中で、**普段どのような過ごし方ができているのかについての情報は、支援の方向性とタイミングを見定めるためのヒント**となります。平日の日中については家族でもよく把握できていない場合は多いものです。

以下では「教師」とありますが、相談員やカウンセラーでも同じです。

教師「今日ここまで来るのは大変じゃなかったですか」
生徒「まあ、外出の準備は大変でした。久しぶりだったので」
教師「そうでしたか、ありがとうございます。外出はあまり多くないのですか」
生徒「まあ……、別に行くところもないので」
教師「そうですか……そんな中、来てくれてとても良かったです」

「外出が少ない」ということですが、まったくないのか、少ないものの「ある」のか、あるとしたらどんな外出かを教えてもらいます。必要なもの、欲しいものには何があるか、どのように手に入れているのか、家族の誰かに要望を伝えることができているか、など。家族の買い物を手伝う、近所のコンビニ等を利用できるか、といった情報も参考になります。

普段から何を好み、何を避けているのか、避けずに済む範囲はどこまでか、などの情報は続く支援の計画において貴重なヒントになります。

普段の過ごし方が目に浮かぶまで教えてもらえると、共感も深まります。

教師「ところで、寝るとか食べるとかは、困ってはいないですか」
生徒「はい、親からはもっと早く寝て早く起きろと言われますが」
教師「そうですか、そんなに遅いんですか」

生徒「寝るのがだいたい2時か3時ぐらい。眠れなくて」
教師「眠りたくても眠れない、だとつらいですね」
生徒「起こされて、7時前に目が覚めることがあります」
教師「でもその睡眠時間じゃ、起きていられないでしょう」
生徒「はい、たいてい二度寝します」
教師「そうですよね。朝やお昼のご飯は自分で用意しますか」
生徒「まあ、冷蔵庫にあるのを温めるくらいは自分でやります」
教師「それはすごい。いろいろと自分でできているんですね」

さらに、家庭の中での過ごし方に話をすすめます。

教師「平日はお留守番されているとのことですが、最近だとどんなことをしてますか」
生徒「別に何もしてませんが、たいてい音楽をきいています」
教師「そうですか。どんな音楽ですか？　教えてもらってもわからないかもしれませんけど（笑）、教えてもらえますか？」

休みが長くなると、その期間にいろいろ変化があるものです。説明の負担を軽くするため、**「最近だと」と、期間を限定すると答えやすくなり、何かしら具体的なことが言葉として出てきやすくなります。**

「ごろごろしているだけ」といった表現もよくあります。「横になってテレビとか、マンガや本とか？」などと、しつこくならない程度に教えてもらいます。何であっても受け入れるという姿勢を示していきます。

教師「ゲームとかはあまりしないのですか」
生徒「まあ、午後と夜中にはします」
教師「そうですか。ゲームもいろいろあるけど、どんなものが多いですか？」

様々なものが流行していて、具体的に紹介してもらっても知識が追いつかない場合が多い昨今ですが、「知っているふり」も良くありません。**「あなたに関心があるから『あなたの好きなこと』にも関心がある」という姿勢が伝わるよう、許可をもらって持参の端末で検索**してみるのも良いでしょう。

第３部　事例対応編

02 やりたいことについて話題を展開していくコツ

☑ ひきこもりから抜け出す動機づけのために有効なことは何ですか？
☑ 「動機づけ面接」という手法は不登校の子供にも使えますか？

「動機づけ」とは言いますが、相手が大人でも子供でも、動機を外側から「注入する」わけにいきません。「本人が抱く欲求」と「充足するための行動」がうまくつながることで、「動機づけられた」となります。

どの不登校の子にも「将来の目標につながる努力を効率良くすすめたい」とか「唯一気が合うＡとだけ仲良しの関係を継続したい」という、展開次第では不登校状態から抜け出すきっかけになる欲求があるものです。そしてそれが、「別室登校を試してみる」とか、「Ａに電話（メール）してみる」という行動につながれば良いかもしれません。しかし同時に、それらを難しくする不安もマイナスの動機になっています。

１人の子供の中にいくつもの欲求があり、さらにその充足法にも多様な選択肢があります。かつての、不登校の数がずっと少なかった時代では、面白い情報に触れ興奮し、それで仲間と交流するといった欲求は、在籍している学校に登校しないとまず手に入りませんでした。今日、学校に出かけるよりはよほど広く豊富で刺激的な情報を、無数に近いアクセス先とつながり、入手することができます。対面することで生じる不安、無理に同調するとか気をつかう負担もありません。

満たされない欲求を充足するための行動選択を促す作業は、どのようにすすめることができるでしょう。大きさが異なるナッツ類が入った袋に細かい振動を加えると、大きなナッツが浮かんできます。このようなイメージで、様々な、互いに拮抗する動機、誘惑が雑多にある中で**最も価値が高い欲求とそれに沿った行動が自然と浮かんでくるよう、適度な揺さぶりを加えるかのような緩い対話を目指す**と良いでしょう。そのエッセンスが次の三点です。教師やカウンセラーだけでなく、保護者に、家庭の中で試していただくことを提案します。

第一に、（聞き手側が）「**鈍くなる**」です。具体的には、子供の言動の中に**「間違い」や「矛盾」があればすぐに（反射的に）それを指摘するのではなく、「微妙なあいづち」で受け止めてみる**ことです。それによって、本人が遠慮なく考えや気持ちを語る機会が確保されます。「それであなたの将来はどうなりますか」「そういう目標があるのにこれを優先させてしまうのはおかしい」「そうであれば取り組むべきはこれではない」などと**即座に矛盾を指摘するような「間違い指摘反射」を控えます**。子供の考えを制するように反論するのではなく、「なるほど」「そういう考えなんですね」という**傾聴する「間」をとってみます**。矛盾があっても、「Ｂとも思うしＣという考えもあるわけね」などと、矛盾を含むまま言語化しておきます。人間とは常に、矛盾をはらむ生き物であることを思い起こすと良いでしょう。

第二に、「**言い争いを避ける**」です。「言い争い」へ展開しかねない時には、話題を「冷静に記述する」ことで落ち着かせ、互いに感情的になる、興奮する関わりを防ぎます。興奮はしないが論理的に追い込んでいく方法を得意とする保護者もいるかもしれませんが、このパターンは望ましくありません。マウントをとったら不利になる、**論破は勝利でなく敗北、とみなすゲーム**だと思うと良いでしょう。「正しくない」との判断を反射的に返すことを控えます。**ある地点に正論があることを前提とし、そこに一直線にたどり着くかのような対話でなく、広場をあちこち歩き回った末に、最も居心地良いところに腰を据えるかのような話し合い**を目指します。

第三は、「**賞賛を付け加える**」です。相手の言動の中に微かではあっても**前向きな「姿勢」や「アイデア」、その芽を見いだし評価する**ことです。望ましくない手法で求めるものを手にしようとする言動があっても、そこに大切なものを捉えて、近付くための前向きさ、努力や工夫の姿勢が見いだせたら、それを肯定的に表現します。「●●●という気持ちはすばらしい」とか、「それは▲▲▲につながりますね」などと励ますことです。

前述は、**動機づけ面接（motivational interviewing）**と呼ばれる面接手法のエッセンスをコンパクトにまとめたものです。

第３部　事例対応編

03 隠れた「欲」と「プラン」を浮かび上がらせる会話

☑ 面接の中でタブレットをつかうことはどうでしょうか？
☑ キャリア教育につながるような関わりはとれるでしょうか？

「2040年頃には、現在（2020年頃）ある職業の約半分はなくなる（人がしなくてよくなる）」という予測もあるそうです。社会の変化は目まぐるしくなる一方で、子供たちにとっては、将来において社会で何かの役割を果たしている自分を思い描くことはますます難しくなりつつあります。不登校増加の背景には、そんな風潮も関わっているのかもしれません。

疾患ではない不登校の支援において、**触れないわけにはいかない話題について避けるばかりでは、誠実さのある支援になりにくい**と考えます。数年先の話題は少しスキップして、その先、小学校の高学年であれば18〜20歳頃、中学生や高校生であれば25〜28歳くらいまで**タイムスリップしてみます**。その頃に体験してみたい、取り組んでみたい、つながってみたいことなどを話題にしてみます。とりあえずは、生産する、収入を得る、責任を負うというテーマでなく、遠慮なく参加や消費を楽しむことからで良いでしょう。ここでもやはり、ネットメディアやゲームの影響で興味関心を広げている場合が多いのが、令和型不登校の大きな特徴です。話題の展開は、それに沿いながらでかまいません（黒沢、2008）。

タブレット等を準備しておき、彼/彼女らの興味があることを検索して、話題を広げることができるようにします。ある小学生の子が、動物を飼いたい、できればペットをケアすることに関わる仕事をしたいと語ってくれたことがありました。読者の皆さんは、ペットに関わる仕事をどれだけ思い浮かべることができるでしょうか。筆者はほとんど経験も情報もないのですが、手元で“ググり”ながら話題を展開しました。その子は、犬やネコが身に着ける衣服のデザインか、あるいはそのようなお店で働きたいと教えてくれました。「#ペットの服屋さん」と検索してみると、結構な数の専門店があることがわかりました。

不登校の子との対話では、つい困っていること、登校を困難にしている背景など、負の側面、学校に関連した棘についての話題、それらを乗り越え状況を変えていくにはどうしたら良いか、といったテーマへと誘導しがちです（それらの情報収集も大切なのですが）。

ただ、それらについておおよその事情が把握できたその後の段階であれば、それらの課題をどう乗り越えるかの話題はひとまず脇に置き、むしろ、**元気がわいてくる、心のエネルギーが高まるような話題、活動や外出のネタ、未来についての話題を展開できた方が、遠回りをするようで近道**になるようです。そんな時、少し先のことについての雑談が有効です。ただし、進路についてプレッシャーを抱えている中高生の不登校であれば「進路や進学についてどう思うか」の話題は慎重にすべきです。前述のとおり、７、８年～12、13年後くらいを話題にするのが無難でしょう。

例えば弁護士という資格、仕事への憧れを語ってくれた子がいたら、その役割について、どのような期待をもてているのか、話題にしていきます。**「だったら登校した方が良い」は禁句**です。そんなことは休んでいる本人が一番よくわかっています。逆に、「がんばれば、きっとなれるよ」もどうでしょう。どの子にも言える無難な言い方は、あまり伝わらないものです。「あなたは一つのことをじっくり考えることができるタイプのようだから、合っているかもしれない」などと、**本人の個性につなげた言葉がおすすめ**です。

ただひたすら、**抱いている夢、目標、憧れの中にある価値そのものを見つめ、それをリスペクトする姿勢**がもてると良いでしょう。「お金を稼いで好きなことのためにつかいたい」でも良いし「仕事はしたくないので国からの補助でネットに浸りながら生活していければ良い」という表現もあるでしょう。そんな将来プランにも、「それも一つの選択ですよね」「そんな目標を抱くようになったきっかけは、何かありましたか」と受け入れておき、関連する思いをさらに話題にしていきます。

10年早く生まれていたら登校していた子が多い令和型不登校では、こんな**互いに力の抜けた雑談が突破口**となります。

参考文献

・黒沢幸子著『タイムマシン心理療法　未来・解決志向のブリーフセラピー』日本評論社、2008年

第3部　事例対応編

04 登校や学習、進路に関わらないことで行動を活性化する

- ☑ 小学生や中学生に学校以外の外出はすすめるべきでしょうか？
- ☑ 「心のエネルギー」と言いますが具体的にどこをどう見ていきますか？

うつ病に代表される成人の精神的不調への支援、回復の在り方について、最先端の研究報告の大きな流れは、生活上のちょっとした工夫（ライフハック）へと移行しています。**ライフハックとは、ちょっとした（コストの小さい）工夫や技術で生活を改善していく試み**を意味します。

「肯定的に考えていく」「過ぎたことは考えないようにする」といった、「心で心を整えていく」を志向する方向性とは異なります。「些細な習慣を少し変えてみる」「身の周りの何かを変えてみる」「普段あまりやらないことを試してみる」といった具体的な取組で、「前よりはいくらかましな気分になった」を達成し、広げていくような自己調整の方法です。

もちろん不登校となる児童生徒、その保護者の中にも、生い立ちや家族関係などの深い事情に絡んだこと、自分の人間性について、いわゆるトラウマ体験を重く捉え、それをじっくり聞いてもらうことを望んでいる子供や保護者も一定の割合でいます。その場合、専門性あるスタッフが応じるのも大切でしょう。

しかしその場合でも、「それらの深く重い課題が深いところからしっかりと解決されないうちは、不登校にまつわる困難の支援には至らない」と決めつけることなく、大きなテーマも抱えた不登校の子、その保護者、という枠で支援していくこともできます。「これがある限りは先にすすまない……」ということなど、人生にどれだけあるでしょうか。

元気も意欲もわいてこない、好きだったはずのことにも関心がわかない、鬱々した気分の状態が続く、自分自身や自分の人生、自分がなし得ることなどに意味があるように感じられない、という状態から抜け出すための評判の良い技法に**行動活性化**があります。

毎日が同じ、ひきこもりがちになっている過ごし方のある時間帯において、いつもとは違う、負担は大きくないある活動を取り入れます。途中ま

ででも良いのです。その上で、予想どおり「楽しくなかった」のかどうか、予想よりは「いくらかまし（没頭できた）ということはなかったか」を振り返り、次の実践を計画します。次の実践は、また同じことでもかまいませんし、同じくらいの負担でできる別なことでも良いでしょう。

何かアイデアがあれば日常に取り入れてみることはできないか、話題にします。不登校の場合は、通う学校の学区内は避けたい、というのがありますので、家族が運転する車で、あるいは、夜か朝早くに出かける、というやり方が推奨されます。他県にある親戚のところにしばらく居候する、そこでレジャーやお手伝いをするという経験は、可能なら、大いに回復につながる機会になります。**「学校を休んでいるくせに」という遠慮は一切不要**、と判断すべきです。

子供への行動活性化ですが、以下のとおりです。

1　好きな（だった）こと、関心ある（あった）ことを話題にしリスト化する
2　１のリストについて、「今すぐにでもできること」「希望はあるがある困難があって取りかかれずにいること」「支援があればできそうだが本人が遠慮するのでできずにいること」なども改めて話題にして、なんとか実現できないか、話し合ってみる
3　２で立てた計画が（部分的にでも）実行できたら、取り組んでみてどんな気持ちになれたかを確認し、話題にしてみる。なお、実行に至らなかった場合は再度２に戻り、他のこと、あるいは実行しやすくなる工夫を継続して話し合って、改めて計画を立ててみる。計画のダウンサイズも検討する
4　計画と実行を繰り返す中で、本人の前向きさを賞賛し、苦手だったことでも乗り越えつつあることを話題にする。残る困難を小さくし乗り越えるための工夫や周囲のサポートの在り方を検討し、続く計画の中に盛り込む
5　初めのうちに話題にもならなかった活動のバリエーションを話題にしてみて、可能であれば計画、実行してもらい、感想を確認する
6　定期的に活動の展開と元気さの指標（会話が増えた、自室にいる時間が減った、生活リズムの改善など）を評価していく

不登校の子の行動活性化では、少なくとも初めのうちは、登校や学習、進路などに関する活動、外出は除外して始め、徐々にそれらを含めていきます。中３の不登校であれば、進学候補となる高校のオープンスクールへの参加は特におすすめです。

参考文献

・神村栄一著『不登校ひきこもりのための行動活性化　子どもと若者の“心のエネルギー”がみるみる溜まる認知行動療法』金剛出版、2017年

第３部　事例対応編

05 苦手なことを避け続ける子への実践的な支援

☑ 苦手を克服する行動変容法はどこまで有効でしょうか？
☑ エクスポージャーという方法について詳しく教えてください。

学校教育の究極の意義はどこにあるでしょう。筆者なら「子供がたまたま抱えている苦手（食わず嫌い）を減らし、将来に向け可能性を少しでも引き出すこと、そのアシスト」と答えるかもしれません。苦手を一つなくしてあげることは、「可能性をわずかでも広げた」ことになります。

苦手を克服するプロセスは四つです。**信頼をよせる人の言葉（と表情や態度）で説得される**、が一つ目。**納得できる知識を得て自ら「だいじょうぶ」との判断をもつ**ことが二つ目。三つ目は、**他人の行為の観察から学ぶ**ことです。自分と属性（年齢や性別など）が近い誰かのパフォーマンスを見ること、できればそれでその人がメリット（達成感、賞賛、金品や機会）を得ている過程までを目撃することで、克服のための勇気が芽生えます。

多くの場合、四つ目のプロセスが必須です。**不安や恐怖、嫌悪を覚える状況に自分自身を曝し（つまり自らの歩みで接近し）、そこで生じる不快な感情が時間経過の中で収まっていくのを経験する**、できれば間隔を空けずに繰り返すことです。これがエクスポージャーという変容技法の原理です。時間を経過させる目安は５分から15分ほどで、その間に、「いくらか気持ちに余裕ができた」のを実感してもらえるよう工夫します。

そのような「馴れ」の感覚が残るうちに、次の「自らを曝す」場面にチャレンジし、徐々に「より苦手」な状況で「曝しては馴れる」を繰り返しています。このように手続きを説明すると、過酷な訓練のイメージがあるかもしれません。しかし、冷静に考えれば我々は幼い頃から、このような「段階的に曝しては馴れる」の先に心地良さを味わう経験をあれこれ重ねてきています。補助なしで自転車に乗れるようになること、外国語で会話すること、独特な味がする食べ物を口にすることなどです。

「説得」「納得」「観察」は四つ目の「直接経験による馴れ」のための準

備であるとも言えます。「信頼できる人から説得された、納得できた」としても、そこでわいてきた勇気を糧として、「不安を抱きながら取り組んでみる」ことが伴って初めて克服されると言えます。「最初から不安なく取り組めた」ように思っていることでも、実は、家族やきょうだい、友人が先に平気でできている、楽しんでいるところを何度も観察する中で育まれた勇気が、「直接経験」につながっているものです。

なお、不安の克服に、ご褒美作戦はあまり有効ではありません。また、無理矢理に曝すのも一つの方法ですが、逆効果（恐怖心を高めてしまう、いわゆるトラウマになる）の可能性も高いのでおすすめできません。

バンジージャンプで、準備ができても台の上からなかなか飛び降りられず、同伴者やスタッフを待たせ、台の端まで進んでは戻りを繰り返し、「自分なりのタイミングで飛ばうとしている」映像があります。再登校や教室復帰、「もう一つの学校」へのチャレンジなどにおいては、様々な局面で、その映像を思い浮かべるかのようなやりとりがよくあります。ここで許しなく背中を押すわけにはいきません。あくまで自分のタイミングで飛び込んでもらうことが大切です。それまでは、「有効な説得」「知識に触れる機会」「観察の機会」などを提供することになります。いずれも、共感や温かさが有効です。

予兆があればあらかじめ避ける行動のことを、行動科学の用語では**回避**と呼びます。**回避行動は、「恐れ嫌悪する必要はない」ということを効果的に学ぶ機会を妨げます。**そのため、その必要はないのに延々と回避し続けるということが起こり得るわけです。ひきこもりを続ける不登校の子の変わりにくさを理解するヒントはここにあります。その変容のための技法がこのエクスポージャーです。不登校だけでなく、不安症や強迫症、トラウマ症状に対し、最もエビデンスがある治療法の基本原理とされています。

「登校するのはドキドキするけどやはり学校で学びたい、授業を受けたい」という気持ちをひそかに抱いているような子がいたら、本章で紹介したような動機づけが高まるような支援の延長上に、この変容原理を活かした柔軟な支援が計画できれば、回復の決め手となることでしょう。

06「護身術」として社交的スキルを身に付けてもらう

☑ 不器用な子にこそ人付き合いの術を身に付けてほしいのですが？
☑ 他人に合わせることと自分らしさの両立は難しいようですが？

「人付き合いのコツ」を身に付けるための実践として、**社交的スキル訓練（ＳＳＴ）**があります。他者とのやりとりの効果的な在り方を、発達段階に合わせて具体的かつ実践的に学ぶ訓練的な支援です。

学校教育においても、「クラスワイドの実践」として授業等に導入されつつあります。ありがちな人間関係のトラブルについて、その防止や早期の解消にいかなるふるまいや言葉遣いが有効なのかを話し合い、実行可能な望ましいモデルを考案、参照し、ロールプレイを行い、参加者それぞれが日常で直面する場面でも発揮できるようになることを目指します。

社交的スキルの基本の一つに「挨拶」があります。毎日顔を合わせる相手に対し、「本日も私はあなたにいかなる敵意も嫌悪も抱いていません」というメッセージを伝える意義があります。いわば人間関係の潤滑油です。家族から友人、社会に出てから出会う人とのやりとり、時には誤解されたりハラスメント被害に遭ったりもする状況での対応の在り方などを「考える」教育にもなります。

他人や世間に合わせるよりも、自分らしく生きていきたい、という価値観を大切にする上でも社交的スキルの学びは有効です。普段から「周囲に気をつかいすぎる」ところがあるなら、「気をつかわずに済む人間関係の在り方」を考えることもできます。最低限の心理的な負担で、自分らしくかつ安心感をもてる関わり方を考え、学ぶこともできます。ほぼ同じアプローチに、**アサーション訓練**があります。こちらは「相手との関係を大切にするあまり自己を犠牲にする」在り方から、**「相手への敬意を維持しながらも自分も大切にする」在り方**へモデルチェンジする訓練です。基本の手続きは社交的スキル訓練と同じです。

社交的スキルの教育のねらいはあくまで、「所属する集団のため」ではなく「学ぶ本人の生活改善のため」です。誰かに助けてもらったら「ありがとう」と言い、困っている人がいたら「何かお手伝いしましょうか」と声をかける。１人でいる子がいたら「よかったら一緒に遊ばない？」と誘ってみるとか、いじめを繰り返す子が近くにいたら、「ちょっといいかな？もうやめたらどうかな？」などと声に出してみる。それが難しくても、一緒に制止してくれるよう声をかけ、または、教師など大人に支援を求める在り方でも良いのです。

集団ではなく個別のＳＳＴ支援では、支援する本人にとって、より切実なテーマを選びます。本人の「自分はかくありたい」に沿った展開にできます。思春期、青年期でのカウンセリングでは、「親に対する自己主張」がテーマとなることもあります。

ＡＩ（人工知能）がしゃべっているかのようなセリフまわしは、実践的ではありません。緊張や葛藤が強くなりがちな子には、セリフの間をつなぐ言葉遣いも話題にしていきます。

健康度の高い大人の会話が参考になります。例えば、教務室で帰宅の準備をしている時に、管理職から急ぎの仕事を頼まれた時などです。

「えっ、この仕事を今日のうちにですか？　ちょっと待ってください。困りました。実は、あの〜、今日は家族と約束があって、あと10分で退勤しないと間に合わないので。であれば、明日の昼すぎまではどうでしょう？　明日の午前なら時間がとれます。事情はわかりましたが……でも、困りました。あの、とても申し訳ないですが」

この短い応答の中に、「ちょっと待って」「実は」「あの」「であれば」「事情はわかりました」「でも」「申し訳ないですが」などが挟まれています。姿勢や表情、視線の合わせ方、あえて同じ表現を繰り返してみる、声の調子や大きさの効果など、様々なチェックポイントがあります。

自閉スペクトラム症の傾向をもつ児童生徒だと、その特性からこれら社交的スキルの獲得と発揮が困難になりがちです。通級指導などでもよく導入されています。そのような支援では「はっきりと伝えよう」などのあいまい表現でなく、ルールや型として示した上での反復訓練が効果的です。

高校生以上だと、アルバイトなどの社会参加の経験でトラブルを想定した訓練も将来につながります。

PART 4

付録

睡眠記録（睡眠ログ）の作り方と使い方

睡眠記録の書式は、ネット上に膨大に存在します。検索して好みのものをそのまま使っても良いし、自作するのも簡単です。

図１のように、夜の12時（０時）～その日の夜の12時（24時）を１行としたものが多いですが、図２のように、昼の12時～翌日昼の12時を１行とする書式もあります。図２だと、中央から左と右で日付が変わり、慣れが必要ですが、一晩の眠りを途切れることなく記録できます。２週分～４週分を１枚に記入することで、曜日による変動のパターンや記録期間中に改善がみられるかなどがひと目でわかります。

30分以上の昼寝や二度寝があればそれも記入します。意識のないぐっすりした眠りを黒く塗り、眠ってはいないが、寝床で横になってスマホやテレビを見ていたなら、斜線を入れて区別します。

寝床で横になって過ごす総時間数のうち、意識なく横になって眠っている時間がどれだけの％になるか、という指標を「睡眠効率」と呼びます。これは一般に睡眠の質の指標となります。当然、100に近い方が「質が良い」とみなされます。このほか、食事の時刻に●、入浴の時刻に★をつける、外出していた時間帯は横線を引いておく、ネットやゲームへの依存が気になる場合にはその時間帯に別の色を塗っておく、といった記録もできます。

毎日記録をつけ続けるのは確かに負担です。保護者が協力することやウェアラブル端末で睡眠の記録をとる方法もあります。スマートフォンのアプリでデータを集めることもできますが、寝床にスマートフォンを置くことによる弊害の方が大きくなりがちでおすすめできません。

毎日の睡眠時刻がそろい、斜線部（睡眠効率を悪くする眠り）も少なく、ほとんど昼寝などがない、夕食の時刻なども遅くならずそろっている図は、見た目に美しく、習慣を整え続ける動機付けにもなります。週末になると遅寝遅起きになる傾向（社会的時差ぼけ）も、一目瞭然です。重要なのは、**気分の良し悪しと睡眠の安定がつながっていることを自身のデータで確認すること**です。

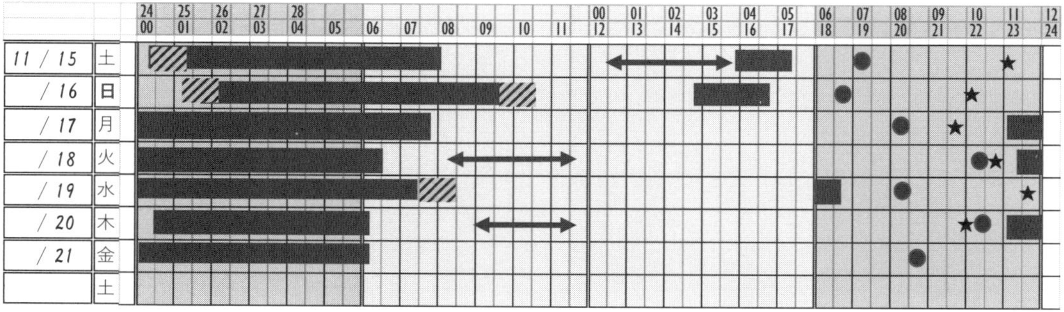

図1　夜〜昼〜夜、タイプの睡眠記録

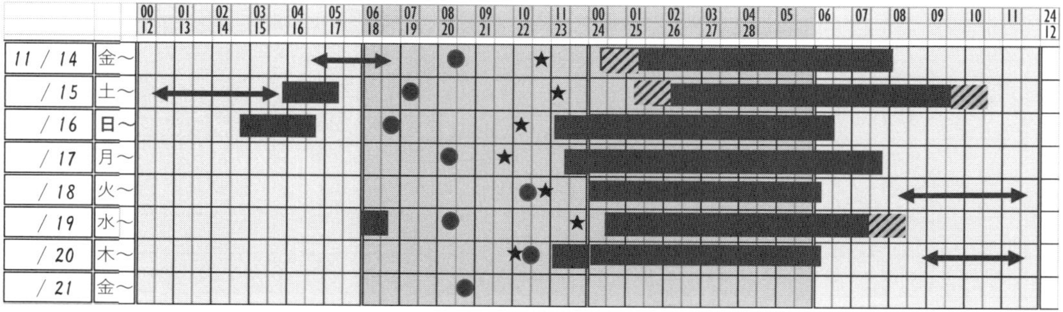

図2　昼〜夜〜朝、タイプの睡眠記録

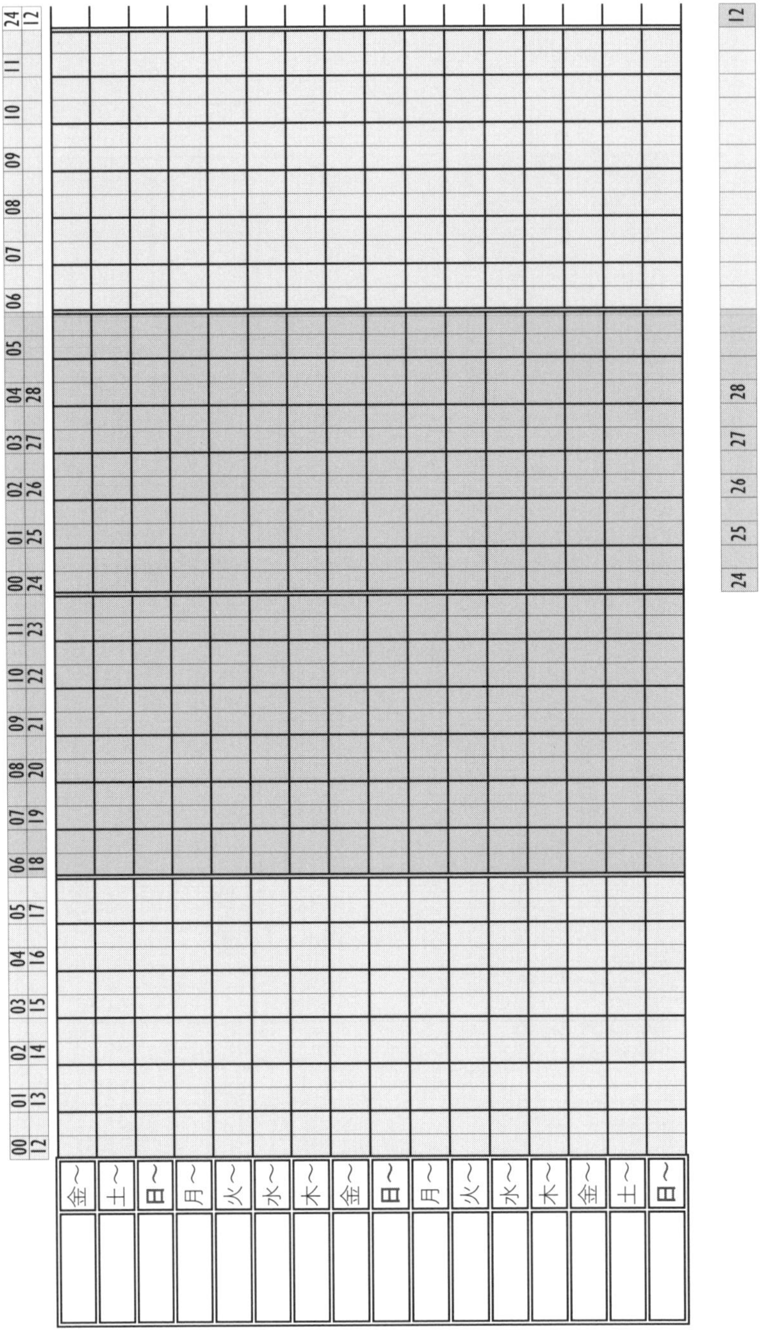
00 01 02 03 04 05 06 07 08 09 10 11 00 01 02 03 04 05 06 07 08 09 10 11 24
12 13 14 15 16 17 18 19 20 21 22 23 24 25 26 27 28 12
24 25 26 27 28 12
金〜
土〜
日〜
月〜
火〜
水〜
木〜
金〜
日〜
月〜
火〜
水〜
木〜
金〜
土〜
日〜

不登校、登校困難の懸念がある子についての支援シートの作成と活用

不登校、登校しぶり、欠席や早退遅刻、別室や保健室の利用希望が増えた、その他配慮が必要になってきた、あるいは今後学校不適応が懸念される（不登校リスクが高い）児童生徒について、これまでの経過を記録することで整理し、今後の支援の見通しを確認するためのシートです。

記入者（主担当）の負担軽減を最大限に考慮しています。他の教職員や内外の支援スタッフ、専門機関への情報提供がスピーディーかつ、バランスよく正確に行えるよう、対面での説明がなくとも子供についてのイメージと状況が伝わるよう、さらに、経過が後からでも把握できるように作成されています。

長期休みを除いて最低でも毎月１枚（変化がある時には同一月の中で数枚）作成しファイリングします。前回シートをモノクロコピーし、変化や追加があった情報だけを赤で加筆しておくことで手間が省けます。

コア対応チームでの会議があったタイミングで更新しておくこともできます。学年末はもちろん、年度途中で主担当（クラス担任）が交替するということになった時でも、この資料をそのまま引き継ぐことで、改めて資料を作成する負担は軽くなり、誤解や漏れのない引き継ぎが可能となります。支援について経過に沿って正確に記録を残すことは、万が一の、最もあってほしくない展開になった場合や第三者による調査が必要になったなどの場合の資料にもなります。

裏面はシンプルな罫線や空白として、表面の情報について、トラブルのエピソードや支援経過（保護者とのやりとり、専門性ある立場からの助言、それを受けた関わりの成果など）を文章で補ったり、必要があれば何かを図示することができるようにします。

このようなシートについては、デジタルで温かみがない、子供を枠にはめ込もうとするようなイメージをもたれる方もいるかもしれません。しかし、曖昧な書式だと視点が偏り、作成にも時間と手間がかかるため持続しなくなりがちです。その結果、未然防止にも活かされず、深刻化した場合にはバタバタしてしまい、効率の良くない作業に追われることになりがちです。そのようなことを防ぐためにも、シートを有効的に活用することをおすすめします。

㊙ 取扱注意　前回から変化なければ記入無しでかまいません　年度　月　日　様式X

支援シート	年　組 番　男　女	立　学校
氏　名	氏名よみ	主担当： チーム：

		4月	5月	6月	7月	8·9月	10月	11月	12月	1月	2月	3月
前年度欠席日数　日	今年度欠席	日	日	日	日	日	日	日	日	日	日	日
前年度遅・早退日数　日	今年度遅・早	日	日	日	日	日	日	日	日	日	日	日

前年度 内別室　日 外別室　日	今年度保健室・校内別室・校外別室への登校	～夏期休前　日	～冬期休前　日	冬期休以降　日

【欠席増のきっかけ・困難（複数可）】　□いじめ等被害（　　）　□トラウマ体験（　　）
□病気や身体不調（　　）　□友人等との関係　□教職員との関係　□学業の問題・課題困難
□学校環境の変化　□家庭環境の変化　□その他（　　）　□まったく不明

【登校について本人の希望】　□意欲的　□どちらとも　□やや拒否的　□とても拒否的　□判断困難
【登校について保護者の希望】　□とても積極的　□積極的　□どちらとも　□消極的　□判断困難

【学習への本人の意欲】　□かなり積極的　□積極的　□どちらともいえない　□消極的　□判断困難

【登校時の状況（複数可）】　□ほぼ全て欠席　□登校すれば普段どおり（適度な明るさ・活発さあり）
□登校時には授業に多く出席　□授業にはほぼ参加せず　□ほぼ別室保健室のみ　□教務室（"タッチ登校"）のみ
□その他（その他の具体的内容　　）

【状況とリスク（複数可）】　□特定の活動・教科・教職員との相性の特記事項（　　）
□規範はよく守る　□おおむね意欲的　□無気力／消極的　□しばしば集中が持続せず　□指示に従わず自己中心
□大人しく目立たない　□いつもにこやかで協調的　□不安・心配から確認質問が多い　□興奮しやすい
□気分の浮き沈みが激しい　□落ち着きなく多動　□よく眠そうにしている　□他人の評価をとても気にする
□周りの刺激（光・音）に過敏　□集団活動で孤立しがち　□嫌な活動は徹底して避ける　□課題の未提出が多い
□怒りを収められない　□何かが浮かぶとすぐ言動に表す　□安心できる人（大人・友人）から離れられない
□（教職員に）過度の甘えや依存あり　□他人の気持ちの理解が困難　□乱暴攻撃的な言動あり
□完全に解消していないいじめ被害の中にある　□家庭内に他の不登校あり　□家庭内に虐待（過酷な状況）の懸念あり
□心に傷を受けて回復の途中にある（内容：　　）
□発達特性上の配慮を要する（診断有無問わず）、または医療等専門機関から対応について指示、家庭からの申し出あり
（具体的に：　　）
□健康・疾患・その他学校で配慮を要する点（　　）

【学校生活での様子（直近1か月）】

【学習面での様子】好きな教科・学習（　　）苦手な教科・学習（　　）

【学校において触れたがる活動・モノ・対象（人）】	**【学校において避けたがる活動・モノ・対象（人）】**

【興味関心・特技得意】（例　ピアノが弾ける、サッカーが得意、ゲームが好き、動物が好き、"〇〇博士"で詳しいなど）

【諸機関との連携の状況】　□校内の連携（　　）
□教育相談関係機関（機関名：　□カウンセリング・教育相談　□訪問教育相談員
□適応指導教室へ通室　□民生児童委員へ相談　□民間施設へ相談または通所（施名　　）
□医療機関へ通院・入院　□その他（　　）

担当から	**【最近一月に提供された工夫や配慮・支援の経過】**	**【今後1～2か月ですすめる工夫や配慮・支援のプラン】**
担任以外	**【同上（経過）】**	**【同上（案）】**

その他（裏面にも記載可能）	校長	教頭				

不登校予測の整理シート

普段の子供の様子を記録することで、不登校リスクについて理解することができます。

まずはじめに、真ん中より左側の項目で、子供本人が現在置かれている状況を整理します。次に、過去の欠席歴、最近のストレス状況、最近の睡眠、生活リズムを記録し、懸念されるトラブルの現れ方を予測します。見守りが必要かどうか、不登校になる懸念事項があるかどうかを判断し、リスクを総合判定します。

悪い予測を立てることに抵抗があるかもしれませんが、不登校リスクを把握し、予測を立てることで、少し多めの緻密な観察と気配りをすることが可能になります。

もちろん、ある領域について、例えば「本人の学びの状況」の欄に「できる子から教わる姿勢がよい」、「運動は好きだが……」といった、プラスの側面を書き添えておくこともできます。

その上で、リスクを踏まえた簡易な支援計画や見守りの計画を別に用意します。見守りの計画については、この整理シート中の「懸念されるトラブルの現れ方」の記入内容に応じ、いつ・どこで・いかなるサインを捉えていくべきかを具体的に指摘できると良いでしょう。

不登校予測の整理シート

作成者＿＿＿＿＿＿＿＿＿＿年　月　日

子供氏名

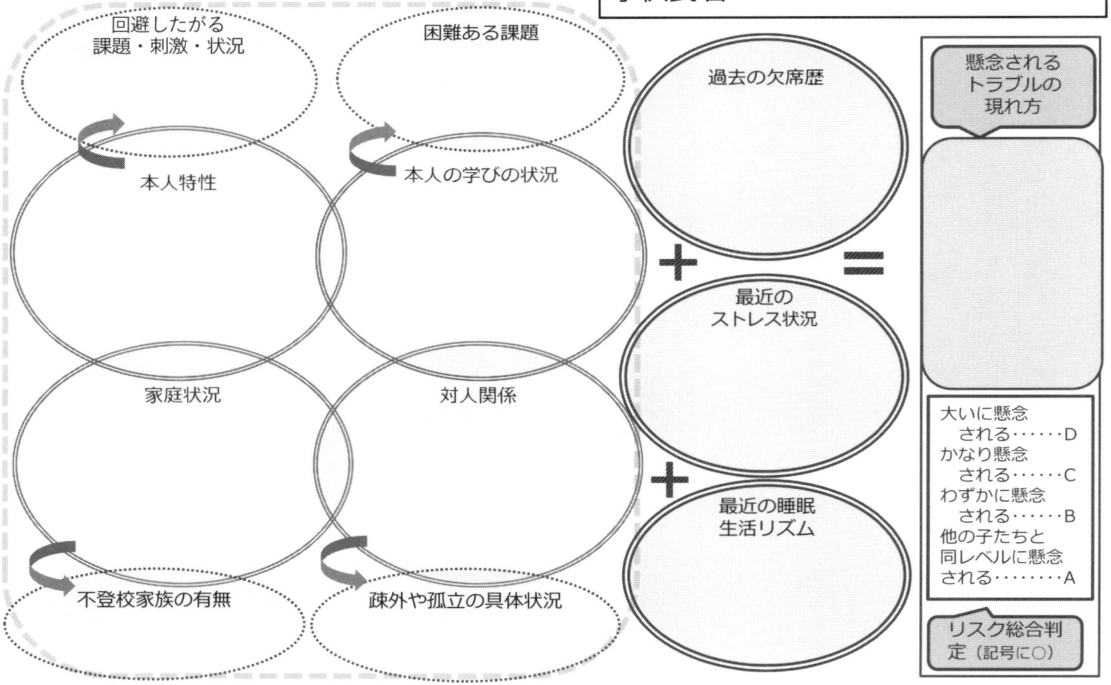

おわりに

小中学生の不登校については、大変な状況になっています。しかし、何事も「大変な状況」から時代に合った新しい在り方が生まれるものだと、前向きに考えたいものです。

本書を企画いただき刊行にたどり着くまでの間にも、様々な情報が飛び込んできて、バタバタと手を加える作業に追われました。

2023年10月４日に文部科学省から公表された令和４年度統計における小中の不登校者数は、関係者の「悪い予想」をさらに上回りました。不登校特例校は「学びの多様化学校」と、その名称が改まりました。

近い将来、「不登校」という言葉はなくなるかもしれません。「不登校児童生徒」を「オルタナの（オルタナティブ、つまり多様化した学びのいずれかを選択をした）児童生徒」などと呼ぶことになるかもしれません（悪くない響きです）。もっとも、「一切の区別や特別な名称もそれについての統計も不要」との考えもあるでしょう。

メディアでは、不登校について「何の心配もいりません」とのメッセージが圧倒的に多いようです。不登校について、「問題だ」「将来が心配」「その増加は国家の将来にとって損失だ」といった主張に、十分な根拠をもって反論することも、逆に「将来にわたって一切深刻なマイナスはない」ことを証明するのもほぼ不可能です。「ない」の証明は「ある」の証明より難しいためです。

不登校についてこれだけの情報が発信されアクセスされているということからも、これに身近で直面し不安を解消できずにいる方が増えていることがわかります。社会参加のきっかけがつかめず、ひきこもりの状態にある若者や成人について、「8050問題」などと話題にされることが多い状況も関連しています。

学校教育は、国民のほぼ全員が議論に参加し発言するネタをもつ、最も身近な社会テーマです。いつの時代も上の世代は自分の経験と比較し、

「今」をぼやくものです。それを前提とした上で冷静に考察すれば、今の学校現場は、昭和や平成の前半の頃と比べて確実に、より平和でより居心地が良くなっていると断言できます。

この議論でよく引き合いに出されるのが、子供たちの「いじめ」です。統計上の認知件数は増えていても、仮に「件数×酷さ」の総計を子供１人あたりで算出し比較すれば、明らかに深刻さ、残虐さは小さくなっています。教職員からの体罰やハラスメントも、実質的にはこれらの言葉がなかった時代よりもずっと改善されてきています。

残念ながら、いまだに「知らぬふり」や対応が遅れた事例の報告はあるものの、全体としてずいぶんよく認知され、どのように対応したかが確認されるようになってきました。被害者側の子供や保護者が泣き寝入りする件数も、ずいぶん減ってはきているはずです。様々な対策は奏功している。それはそれとして認めるべきでしょう。ネットいじめのいじめ全体における割合の増加を深刻だとする声も多いのですが、そもそも、これらを純粋に学校内にある悪とみなすべきなのでしょうか。不登校状態にある子でも、いわゆるネット被害には遭うわけです。

繰り返します。不登校の爆発的とも言える増加を、学校という場がひどくなっている、荒れていることから説明するのは正しくありません。受験競争が激化しているとも言えません。「苦痛や不安、大きな負担を抱えつつ朝から登校するくらいなら休んでしまえば良い、別にとんでもない結果が待っているわけではないのだから」との空気が、子供と子育て世代の大人の間に一気に広まったことがほぼすべてを説明するようです。

したがって、少なくとも不登校に関して、悪者、悪のメカニズムをあぶり出し、そこを叩こうとする努力にはあまり意味がありません。

あとは、この状況について、「学校を休むほどのことでもないのに安易に休む子が増えた」の解釈に立つか、「もともと無理やりに登校を迫り不登校の選択を抑え込んできた抑圧がようやく解放される時代になった」との理解に同意するかの違いです。いわば、バケツに水が「こんなに溜まってしまった」とみるか「ようやくここまで溜まってきた」とみるかの違いです。議論を一歩先に進めるべきです。

ところで、10年間でこれだけ増えた義務教育不登校の児童生徒を受け入れる居場所を、政府や市町村が地域差なく準備すること、そこに登校困難を経験した子を、その保護者に大きな負担を強いることなく受け入れるよう整えることは、誰が考えても相当に難しいことがわかります。

不登校を自ら選択した子への支援はすすめつつも、すでに設置されている小中学校の教員、カウンセラーなど専門性あるスタッフを増員し、心の支援を含めたよりきめ細かな教育と支援を提供することの方が本来ではないか、という議論にも一定の説得力があります。

仮にすべての小学校区に、「オルタナティブな学校（居場所）」を設置してどれだけの利用率が見込めるでしょう。なにせ、無償で提供される学校への登校を選ばなかった子供たちなのです。「オルタナティブのさらにオルタナティブ」を希望されてどこまで対応できるか、という課題はすでにあちこちで生じています。

文部科学省が全学年のカリキュラムに対応したネット発信の教育サービスを整備した方が、圧倒的に多くの利用率を得ることができるというアイデアもあります。これが整備され、質的に充実した授業のネット配信が用意されると、ある限られた教科内容にだけ学習意欲の高い「登校はしない」児童生徒が続出するのは確実です。

リアルに仲間と触れ合うことができる学校で学ぶ経験が不足することのネガティブな影響は小さくないと考える国民は多数派でしょうが、本人と保護者がそれを選択したら制限するのは難しそうです。そこには、家庭の教育力、養育力の差が影響してくることでしょう。リアルな学びの体験を支える決め手は、しばしば家庭の経済力です。

21世紀となり、20年も30年も先のことは誰も正確に予想できなくなりました。人とのリアルなつながりをどれだけ必須とする社会になっていくのか、子供どころか大人の場合ですら、よく見えていないのです。

本書が提案する内容の賞味期限は、新しい国の対応方針が浸透するまでのせいぜいむこう10年くらいかと見込んでいます。ようやく「働き方改革」の兆しがみえてきた学校の教職員、学校教育に関わる援助職、相談を担当されている皆さんがこの不登校増大の時代を乗り切るための提言をまとめさせていただきました。安易に今風の学校教育における多数派意見に寄り添うのではなく、筆者の実践経験と現場での見聞、そして信頼できるエビデンス（科学的研究）から導かれた内容を紹介させていただきました。
　ぜひ、共感いただけたところから実践に取り入れ、試していただければ幸いです。
　なお本書は、（株）ぎょうせい、編集担当の兼子智帆さんはじめ皆様の温かい励まし、サポートがあってようやく世に出すことが可能となりました。企画段階から様々なアイデアをいただきましたこと、くじけがちなところを粘り強く支えていただきましたことに深く感謝したいと思います。

著者プロフィール

神村栄一（かみむら・えいいち）

新潟大学人文社会学系教授（教職大学院主担当）。福島県会津若松市生まれ。心理学博士（筑波大学）／公認心理師／臨床心理士／専門行動療法士。専門は臨床心理学（認知行動療法）、教育相談。社会的活動：新潟県スクールカウンセラー、同学校派遣カウンセラー、新潟県教育委員会「中１ギャップ解消調査研究」の座長、市町村教育委員会いじめ調査委員（委員長含む３件）、放送大学「認知行動療法'20」（2020～）の主任講師、日本認知・行動療法学会（代議員・編集委員）／日本不安症学会（評議員）など。主な著書：『不登校・ひきこもりのための行動活性化―子どもと若者の"心のエネルギー"がみるみる溜まる認知行動療法』（金剛出版、2019年）、『学校でフル活用する認知行動療法』（遠見書房、2014年）など。

読者特典

『教師と支援者のための"令和型不登校"対応クイックマニュアル』購読者専用WEBサイトから、P106、108、110のワークシートなどをダウンロードしてご利用になれます。

①ご使用のPC等から以下のサイトへアクセスします。

https://shop.gyosei.jp/user_data/dlservice

②「教育・文化」の中から『教師と支援者のための"令和型不登校"対応クイックマニュアル』を選択します。

③案内に従って会員登録をします。

④会員登録したアドレスに送られたパスワードで、購読者専用ログインページからログインします。

⑤データのダウンロードを行います。ダウンロードに必要なパスワードは以下のとおりです。

【ユーザー名】reiwagata6
【パスワード】taiou2024
（すべて英数半角）

※一定期間経過後サービスを終了することがございます。

教師と支援者のための
“令和型不登校”対応クイックマニュアル

令和６年２月２日　第１刷発行
令和６年７月１日　第３刷発行

編　著　神村　栄一

発　行　株式会社 ぎょうせい

〒136-8575　東京都江東区新木場1-18-11
URL：https://gyosei.jp

フリーコール　0120-953-431
ぎょうせい　お問い合わせ　検索　https://gyosei.jp/inquiry/

〈検印省略〉

印刷　ぎょうせいデジタル株式会社

ISBN978-4-324-11323-3
（5108897-00-000）
〔略号：令和型不登校〕